Bauerdick
Lourdes

Rolf Bauerdick

LOURDES

Herder
Freiburg · Basel · Wien

Reproduktionen: Scan-Studio Hofmann, Freiburg

Herstellung: Proost, Turnhout 1995
ISBN 3-451-23532-3

Inhalt

„Ein krankgeborenes Kind zum Beispiel, das vielleicht sein ganzes Leben in liegender Haltung verbringen muß; ein Mensch, der stumm ist oder keine Arme hat oder gar nicht bewegungsfähig ist, die alle völlig anonym unter uns leben – das sind die Leidenden. Da ist das Leiden real. Das Leiden ist niemals real bei denen, die kämpfen können. Der Aktive mag Wesentliches für die Welt erreichen. Aber ein krankes Kind, das sein Leben lang im Bett liegt und gar nichts tun kann, das leidet und erfüllt durch sein Leiden die Welt mit christlicher Substanz. Denn durch das Leiden wird die Welt real mit christlicher Substanz erfüllt."

Joseph Beuys

Vorwort

An einem strahlenden Augustnachmittag, es war Mitte der achtziger Jahre, stand ich auf der Esplanade vor der mächtigen Rosenkranzbasilika von Lourdes. Nach vielen Jahren des Studiums hatte ich mich von der Theologie der Universitäten verabschiedet, den Beruf als Religionslehrer hatte ich aufgegeben. Journalist, Fotograf, das war der Berufstraum. Doch der Fotoapparat um meinen Hals konnte nicht darüber hinwegtäuschen, daß ich mir trotz der vielen Leute in Lourdes sehr verloren vorkam. Ein französischer Padre, ich glaube, er hieß Gérard, muß mir diese Verlorenheit angesehen haben. Er kam auf mich zu, schüttelte mir die Hand und meinte völlig unvermittelt: „Sie haben auch aus vielen Quellen getrunken, aber auch nicht aus der richtigen."

Dieser Satz traf. Er war wie ein Schock, ein wenig nur dadurch gemildert, daß der freundliche Gérard das Wort „auch" benutzte. Er sah selber sehr geschafft aus. Sein Gesicht schien müde, und er erzählte, am nächsten Tag werde er Lourdes verlassen, um in das Stammhaus seines Ordens zurückzukehren. Wir sprachen noch über dies und das, doch ich war nicht mehr recht bei der Sache. Als wir uns verabschiedeten, sagte er noch klipp und klar, ich würde noch einmal nach Lourdes zurückkehren. Irgendwann bestimmt. Und dann womöglich sogar einen Zugang zu dem wundersamen Ort finden. Viele Jahre später sollte der Padre recht behalten.

Der Schlüssel zu diesem Zugang steckt in einem kleinen, fast unscheinbaren Buch. „Beuys zu Christus" heißt es. Darin entfaltet der 1986 verstorbene Künstler Joseph Beuys in einem Interview mit dem Jesuiten Friedhelm Mennekes seine Sicht der Christusgestalt. Es ist eine wahrhaft umwälzende Sicht. Ein Gespräch voller anzündender Gedanken. Vielleicht sprechen sie in erster Linie Menschen an, für die am Ende unseres Jahrtausends der Glaube kein Organ der Erkenntnis mehr ist. Für Menschen, denen Lourdes ein Ort der Vergangenheit, nicht aber der Zukunft scheint.

In Lourdes, so sagte ein Freund in einem von vielen Gesprächen über die Madonnenstadt, „leuchtet ein Licht". Allerdings, so fügte er hinzu, „es ist das Licht eines längst erloschenen Sternes". Das ist für einen gläubigen Lourdeswallfahrer gewiß ein vollkommen unannehmbares Bild. Aber nehmen wir einmal an, als bloßes Gedankenspiel, der Freund hätte Recht. Dann wäre das Licht dieses fernen Sternes noch immer zu uns unterwegs. Seine Energie würde in Lourdes noch leuchten und wärmen, obwohl er selbst erkaltet ist und sich längst in einem schwarzen Loch verflüchtigt hat. Doch noch sind das Licht und die Wärme dieses toten Sternes da. Er gibt noch eine Frist. Ein paar Jahre noch, zehn, zwanzig oder hundert, wer weiß. Doch was wäre zu tun? Denn irgendwann ist sein letzter Energierest für uns versiegt.

Da wäre vielleicht ein Weg, möglicherweise der einzig gangbare. Der Mensch müßte sich endlich aufraffen, die Energie, das Licht und die geschenkte Wärme des Sternes in sich selbst zu erzeugen. Gelingt dem Menschen dies nicht, dann ist nur noch Kälte. Glückt es ihm jedoch, dann wäre ein neues Lourdes entstanden. Dieses Lourdes wäre überall. Überall dort, wo es Menschen in sich selbst verwirklichen.

Denn heute, so sagt Beuys, „geht es nicht mehr so, daß ein Gott dem Menschen hilft, wie das durch dieses Mysterium von Golgatha war, sondern diesmal muß diese Auferstehung durch den Menschen selbst vollzogen werden. Der Kredit ist gegeben, d.h. nach diesem Kredit muß die Rückzahlung des Wechsels vom Menschen kommen."

Dieses Buch ist, wenn man das ohne Anmaßung sagen darf, eine persönliche kleine erste Rate eines Fotografen. Sie wurde möglich durch die Menschen in Lourdes, von denen ich ein Bild machen durfte. Mein herzlicher Dank gilt den Kranken. Vor allem einem kleinen Jungen, dessen Name ich nicht weiß. Er trug eine rote Kappe und saß in einem Rollstuhl. Er hat mich gelehrt, wie recht Joseph Beuys mit dem Motto hatte, das diesem Buch voransteht: „Aber ein krankes Kind, das sein Leben lang im Bett liegt und gar nichts tun kann, das leidet und füllt durch sein Leiden die Welt mit christlicher Substanz. Denn durch das Leiden wird die Welt real mit christlicher Substanz erfüllt."

Rolf Bauerdick

1. Kapitel

Die weiße Dame, der Eisbecher mit Sahne und der Pfarrer am Kalvarienberg

Wo sich die Alte Brücke von Lourdes über den Gave-Fluß spannt, um die Rue de la Grotte mit der Avenue Bernadette Soubirous zu verbinden, springt unweigerlich das grelle Neonlicht eines vielbesuchten Cafés ins Auge. Es trägt den Namen der „Retterin Frankreichs“, der Jungfrau von Orléans. Gleich einem Schwalbennest klebt das „Café Jeanne d‘Arc“ am Steilufer des reißenden Gave, direkt an der „Pont vieux“. Dank seiner Lage reißt der Zustrom der Gäste nicht ab. Ob früh morgens oder in der späten Nacht, unermüdlich jonglieren die Kellner ihre Tabletts zwischen dem Publikum aus aller Herren Länder. Bannerträger von der Legio Mariä aus dem irischen Ballymore ordern schwarzes Bier, hemdsärmelige italienische Pfadfinder rufen nach Limonade. „Biere pression“ für die Pilger aus Belgien, Törtchen für die Damen aus Köln. Ordensfrauen in grauer Tracht nippen ihren Kaffee neben Touristen in schrillen Bermudashorts. Jugendliche schmettern charismatische Lieder. Die Kellner reißen blöde Witzchen. Eine verhärmte Frau zählt ihr Geld. Und draußen auf der alten Brücke stockt wie immer der Verkehr. Pilgerbusse quetschen sich durch. Autos mit französischen Nummernschildern hupen sich den Weg frei, drängen Wallfahrer und Souvenierjäger beiseite. Und mittendrin ringt ein uniformierter Gendarm mit gebieterischen Gesten und Trillerpfeife um seine Position als Herr der Lage. Nur ein paar einheimische Männer lehnen wie ruhende Pole über dem Brückengeländer. Die Zigarette im Mundwinkel, die Angelrute in der Hand schauen sie auf den vorbeiströmenden Fluß. Vielleicht locken sie eine Forelle an den Köder, vielleicht aber auch nicht. Die Männer scheint das nicht sonderlich zu kümmern. Genausowenig wie die Scharen von Wallfahrern, die an ihnen vorbei zum Heiligen Bezirk vom Massabielle drängen, zu jenem Ort, den man in Lourdes kurz „la grotte“ nennt.

Trotz des Touristenrummels, im „Café Jeanne d‘Arc“ läßt es sich sitzen, läßt sich die träge Mittagsmüdigkeit mit einem doppelten „Café noir“ vertreiben, lassen sich die langen Tage und späten Nächte mit einem „Formidablé“ beschließen, einem großen Bier vom Faß. Nach einigen Tagen scheint einem die Lokalität vertraut, die schwarzbefrackten Kellner und das buntgemischte Publikum. An die herrschaftlichen Preise gewöhnt man sich ebenso wie an das Trinkgeld auf der Untertasse.

An einem Nachmittag, es war ein heißer, schweißtreibender Tag im August, setzte sich eine ältere, offensichtlich ziemlich erschöpfte Frau an den Nachbartisch, streckte ihre schmerzenden Füße aus und seufzte erleichtert: „Glauben Sie mir, ich habe nur einen Wunsch.“ Der entpuppte sich äußerst bescheiden als: „Ein riesiges Eis mit Sahne!“ Dann erzählte sie, sie sei aus dem thüringischen Rudolstadt und zum erstenmal in Lourdes. Alles sei ganz wunderbar, aber so eine Wallfahrtswoche und zudem diese Hitze eben auch sehr, sehr anstrengend.

Weil die Thüringerin kein einziges Wort französisch sprach, deutete sie dem Kellner auf die leuchtenden Reklametafeln mit den herrlichsten Eiskreationen. Ihre Wahl fiel auf einen üppigen Eisbecher, der als Krönung des Sortiments an der Wand des „Cafés Jeanne d‘Arc“ prangt: reichlich Vanilleeis mit einer dicken Haube aus Schlagsahne und obendrauf süße Schokoladensauce. Nach einer Weile kam der Ober mit seinem Tablett und stellte der Frau ihr Eis auf den Tisch mit den Worten: „Vôtre Dame blanche, s'il vous plaît. Bon appetit." Ganz selbstverständlich servierte er „die weiße Dame". So wie er den Gästen auch ein „Pêche Melba", ein „Banane Split" oder eine Cola bringt, so selbstverständlich servierte er der guten Frau aus Rudolstadt „die weiße Dame" im Eisbecher.

Einen knappen Kilometer stromabwärts vom „Café Jeanne d'Arc" steht in einer Felsnische in der Grotte von Massabielle eine ganz andere weiße Dame. Sie ist etwa 1,70 Meter groß und aus weißem Marmor, der im italienischen Carrara gebrochen wurde. Der Bildhauer Joseph Fabisch, mit 7000 Goldfranken im Jahre 1864 fürstlich entlohnt, hat sie gefertigt. In tausend Varianten und in abermillionen Kopien ist ihr Bildnis über den gesamten Erdball verbreitet, als Symbol von Glauben und Frömmigkeit. Unzähligen Katholiken ist sie das Bild der Muttergottes schlechthin, mehr noch als die Madonna im portugiesischen Fatima oder die Jungfrau von Guadeloupe in Mexico-City. Vor der weißen Madonna von Lourdes erreichen jedes Jahr viele Millionen Wallfahrer, darunter Zehntausende von schwerstkranken Menschen, das Ziel ihrer Pilgerreise. Die Grotte von Massabielle ist ihnen eine Stätte göttlicher Offenbarung, ein Ort der Hoffnung, aber auch der Hingabe und der menschlichen Wärme. Und wenn man aufschaut zur weißen Dame, liest man auf ihrem Felssockel die Worte: „Que soy era Immaculada Councepciou" – Ich bin die Unbefleckte Empfängnis.

„Ich bin ein Eisbecher" – das ist die andere Botschaft, die simple Mitteilung der weißen Dame im „Café Jeanne d'Arc". Die unbefleckte Empfängnis an der heiligen Grotte und die eisige Dame im profanen Touristenkommerz, das sind die beiden Realitäten von Lourdes. Nun wird man natürlich einwenden müssen, dieser Madonneneisbecher sei eine geschmacklose, lästerliche Angelegenheit. Genau wie die Tonnen von Marienplastikpullen und diese dreidimensionalen wackelnden Jesuspostkarten, aus denen der Gekreuzigte mal mit schmerzverzerrtem Gesicht, mal mit entrücktem Himmelsblick herausschaut. Und man wird sagen, natürlich sei dieser geschäftsselige Frömmigkeitskitsch, diese aufgeblähte, kommerzfrömmelnde Devotionalienindustrie in Lourdes ein abstoßendes Ärgernis. Und man wird entgegnen, das wahre, das echte Lourdes, das sei eben nicht in solch scheinheiligen Läden wie „Zum heiligen Herzen Jesu", „Zur Kapelle der Jungfrau" oder „Zur Gnade Gottes" zu finden. Und natürlich haben die Leute nicht Unrecht, wenn sie sagen, das wahre Lourdes entdeckt man nur an der Grotte von Massabielle.

Allerdings, heute, am Ende des 20. Jahrhunderts, ist der Weg weit geworden zur Immaculata conceptio, zur Unbefleckten Empfängnis. Für viele, ja für die meisten Menschen in Europa ist er so weit, daß sie niemals mehr an der Grotte von Massabielle ankommen werden. Weil sie dort nichts mehr erwarten, machen sie sich auch nicht mehr auf den Weg. Sicherlich tauchen eine ganze Reihe Touristen auf. Die sind vielleicht zum Wandern in die Pyrenäen gereist und machen mal kurz einen Abstecher in die Madonnenstadt, geleitet von einem allerletzten Glaubensrest oder der bloßen Neugier zu gucken, ob nicht doch was dran ist am Gerede über das wundersame Lourdes. Aber die bleiben nicht lange. Sie kaufen ein Andenken, knipsen ein Foto von der Basilika und lassen ihr Video ein paar Minuten vor der Grotte surren. Manche sagen, das hört man wirklich sehr häufig, irgendwie beeindruckend sei das alles schon. Die Atmosphäre und alles und so. Aber eben nur „irgendwie". Ein Wort, das enthüllt, daß uns längst die Worte fehlen, daß uns die Sprache abhanden kommt für jene eher vorbewußten Erfahrungen von Lourdes. Sie bleiben im Erleben stecken, werden nicht zur Erfahrung und legen damit jenen Wandlungsprozeß lahm, den Lourdes in den Menschen noch immer vollziehen könnte.

Der gläubige Lourdeswallfahrer und Marienverehrer hat damit kaum Schwierigkeiten. Ihm sind die Worte, ihm ist die Sprache des Glaubens geläufig. Die Worte des Klerus an der Grotte, die Gebete, die Prozessionen, der Kreuzweg, der ganze ritualisierte Tagesablauf in Lourdes ist ihm vertraut. Das Ave Maria, die Perlen des Rosenkranzes, die brennenden Kerzen, die Krankensalbung am Nachmittag und die bewegenden Gesänge der abendlichen Lichterprozession, das alles ist ihm zweite Heimat. Entsprechend hoch ist der Anteil der Katholiken, die jedes Jahr hierher fahren. Viele waren schon zehn, zwanzig, manche gar vierzig Mal hier.

Hier braucht kein Priester das Mysterium der heiligen Kommunion, kein Pfarrer die Bedeutung der Sakramente zu erklären. Kein Theologe muß beredsam das Dogma der Unbefleckten Empfängnis entfalten. Hier gelten die Dogmen der Jungfräulichkeit und Himmelfahrt Marias mit der gleichen Selbstverständlichkeit, wie sie draußen in der Welt, außerhalb des Heiligen Bezirks von Lourdes, oft nicht einmal mehr bezweifelt werden.

Denn draußen ist das Reich der Dame im Eisbecher. Sie ist die entsakralisierte Ikone, die säkulare Reliquie der himmlischen Jungfrau mit dem Symbolwert einer Coca-Cola-Flasche. Außerhalb des Zaunes von Massabielle ist die Madonna nichts als ein Vanilleeis mit Sahnehäubchen. Sie ist der eisige Überrest einer zweitausendjährigen christlichen Tradition, ein letztes postmodernes Zitat auf das Dogma der Unbefleckten Empfängnis. Und selbst dieser Rest würde schwinden, ließe sich mit der weißen Dame im Café kein Geld mehr verdienen.

Die Kluft ist spürbar, die Lourdes wie ein tiefer Graben teilt. Auf der einen Seite „la grotte“ mit ihren Basiliken und Priesterhäusern, Krankenasylen, Bädern, Prozessions- und Kreuzwegen, auf der anderen Seite „la ville“, die Stadt der Hotels und Restaurants, der Geschäfte, Banken und Geldwechselbuden. Beide Welten sind strikt getrennt. Ein meterhoher Zaun scheidet die zwei Wirklichkeiten von Lourdes. Auf den ersten Blick hat dieser Zaun bloß eine praktische Funktion. Er ist Schutz. Ohne ihn würden die Händler ihre Plastikrosenkränze zweifellos direkt vor der Grotte verscherbeln. Aber dieser Zaun hat auch eine symbolische Bedeutung. Er scheidet zwischen drinnen und draußen, zwischen Pietät und Profit, zwischen Heiligem und Profanem. Der Zaun trennt die Madonna der Grotte von der weißen Dame im Café. Er ist das Ergebnis einer Furcht, der Furcht, die Macht der Dame im Eispokal könnte sich ausbreiten, könnte herüberschwappen über die Unbefleckte an der Quelle von Massabielle.

Innerhalb dieses Zaunes am Kalvarienberg, wo lebensgroße, bronzene Figurengruppen die vierzehn Stationen des Leidensweges Jesu Christi vor Augen führen, hielt am Freitag, den 2. September 1994, ein Pfarrer eine Predigt. Er stand vor der letzten Kreuzwegstation „Jesus wird ins Grab gelegt“, umringt von einer dreißigbis vierzigköpfigen Pilgerschar. Die Anstecker an der Brust der Wallfahrer verwiesen auf ihre Herkunft aus dem Süddeutschen. „Diözese Augsburg“ war auf dem Emblem zu lesen und auch das Motto der Lourdesfahrt: „Zum Leben durch Leiden“. Zu diesen Pilgern sprach der Priester von den Feinden des Glaubens. „Lassen wir uns nicht beirren“, sagte er. „Die da draußen, die spotten über Maria, die Kirche und den Papst, lassen wir sie lachen.“ Dann intonierte er mehrfach ein lautes „Halleluja“ und fügte hinzu: „In hundert Jahren lachen wir.“

Es ist natürlich leicht, solche Sätze als hoffnungslos antiquiert und lächerlich abzutun. Das führt aber zu nichts. Was ist die Wahrheit dieses Mannes, kann man fragen, seine Wahrheit? Und weiter: Wo schlägt das Denken dieses Mannes um, wo kippt seine Wahrheit, wo landet sie im Irrtum, im Falschen? Dieser Pfarrer, das ist ganz eindeutig, der kämpft. Er kämpft für das, was ihm lebenswichtig ist. Im Inneren des Zaunes kämpft er gegen „die da draußen“, die das entwürdigen, was dem Katholizismus heilig ist: der heilige Vater, die heilige Madonna, die heilige Mutter Kirche.

Doch dieser Gottesmann, das ist sein tragischer Aspekt, der kämpft an der falschen Front und gegen den falschen Feind. Wer heute noch über Papst und Kirche spottet, der zeigt ja etwas sehr Wichtiges. Er zeigt, daß Papst und Kirche im letzten Winkel seiner Seele immer noch eine Bedeutung haben. Was keine Bedeutung, was keinen Wert mehr hat, das ruft auch keinen Spott hervor. Doch die meisten Leute spotten heutzutage gar nicht mehr. Sie lästern schon lange nicht mehr, weil sie weder der Papst noch die Kirche überhaupt einen Deut interessieren. Das ist ein Faktum, vor allem im reichen Westeuropa. Da laufen die Menschen der Kirche, und nicht nur der katholischen, ja in Scharen davon. Alles, was diesem Pfarrer heilig ist, wird immer mehr Menschen zusehends egal. Vollkommen egal. Die Spötter sind nicht die Feinde des Pfarrers. Aber das versteht der Priester nicht. Das kriegt er innerhalb seines Zaunes einfach nicht mit. Er kriegt nicht mit, daß sein Feind die Gleichgültigen sind, diejenigen, die bei seiner Rede nicht einmal mehr den Kopf schütteln.

2. Kapitel

Der 4. April 1864, der Triumph des Bildhauers und das Elend des Müllers

Der 4. April 1864 war ein großer Tag in Lourdes. Ein historischer Tag. Da quoll das Pyrenäenstädtchen über und über von Volk. Mittellose Tagelöhner, abgezehrte Landarbeiter und ausgemergelte Steinbrecher aus dem Bigorre, reiche Kaufleute aus Tarbes und Pau, armselige Schafhirten aus den Hochpyrenäen, Würdenträger und Staatsdiener, Beter und Büßer, Ordensfrauen und Klosterbrüder, Frömmler, Wundergierige und Ekstatiker, aus allen Ecken Frankreichs drängten sie in einem gigantischen Pilgerstrom zur Grotte von Massabielle, angeführt von Hunderten von Priestern, Prälaten und Domherren. Und mittendrin mit goldenem Hirtenstab und in vollem Ornat der Bischof von Tarbes. Es galt eine Einweihung vorzunehmen.

So steht denn seit dem 4. April 1864 die weiße Dame aus Marmor in der Grotte von Lourdes, mit blauer Schärpe, ihr Antlitz leicht nach oben geneigt, die Hände gefaltet. Die Rosen auf ihren Füßen sind mit Goldbronze angepinselt, vom rechten Handgelenk hängt ein Rosenkranz herunter. Die horrende Geldsumme für die Figur hatten zwei betuchte Adelsdamen gestiftet. Eine kleine, ungleich bescheidenere Madonnenfigur, zuvor von einfachen Leuten in der Grotte aufgestellt, mußte fortan ihren Platz räumen. Das Volk wollte das so.

„Kunst ist Eloquenz“, pflegte der Bildhauer Joseph Fabisch zu sagen. Da selbst Mitglied der Akademie der Wissenschaften und Schönen Künste in Lyon, war Fabisch ein Mann von hervorragender Reputation, akademisch geschult, versiert in sakraler Kunst. Für den Auftrag einer Madonnenskulptur war er eigens nach Lourdes gereist, hatte Dutzende von Skizzenblätter gezeichnet, Modelle entworfen, Prototypen gefertigt. Vor allem hatte er das Mädchen Bernadette Soubirous befragt. Wie groß war die Dame? Stand sie aufrecht oder gebeugt? War der Kopf zur Seite geneigt oder nach vorn? Trug sie einen Heiligenschein? Wie faltete sie ihre Hände, als sie sagte: „Ich bin die Unbefleckte Empfängnis“? Bei dieser Frage, so ist überliefert, stand Bernadette von ihrem Stuhl auf, faltete ihre Hände und erhob ihre Augen zum Himmel. Sie machte das einfach so, ganz schlicht und ungekünstelt. Fabisch war von diesem Augenblick zutiefst berührt. Viele Jahre später schrieb er in einem Brief: „Niemals habe ich etwas Schöneres gesehen. Weder Fiesole noch Perugino noch Raffael haben jemals etwas so Anmutiges und zugleich Ergreifendes geschaffen wie den Blick dieses naiven, jungen Mädchens.“

Für den Bildhauer wurde der 4. April 1864 ein offizieller Triumph. Kulturbeflissene Bürgersfrauen und ungebildete Bäuerinnen, die feinen Damen des Hofes, und auch Abbé Peyramale, als Pfarrer von Lourdes ein gemütsvoller, aber nicht ausgesprochen feingeistiger Mensch, sie alle waren ob des marmornen Werkes voll der Lobeshymnen. Nur eine nicht. Die Hauptperson in der Geschichte von Lourdes mochte die ästhetische Verzückung nicht teilen. Joseph Fabisch gestand später ein, an der Grotte von Massabielle „den größten Kummer“ seines Künstlerlebens verspürt zu haben. Nun muß man dem Bildhauer indes zugute halten, er hätte allen Marmor der Welt behauen und bis an sein Lebensende meißeln können, niemals hätte seine Statue jener weißen Dame entsprochen, die dem Mädchen Bernadette Soubirous im Jahre 1858 achtzehn Mal an der Grotte von Massabielle erschienen war.

Bei der Einweihung der weißen Dame fehlte Bernadette. Sie lag asthmakrank im Hospiz von Lourdes. Nach offizieller Verlautbarung hieß es, man wolle das schwächliche Mädchen nicht der Neugierde der Bewunderer aussetzen. Solch Fürsorge freilich verwundert. Denn behütendes Wohlwollen hatte man der damals zwanzigjährigen jungen Frau zuvor eigentlich nie angedeihen lassen. Da scheint René Laurentin, der Chronist und exzellente Kenner der Biographie Bernadettes, mit seiner Vermutung schon eher richtig zu liegen, Abbé Peyramale habe Bernadette Soubirous von der Grotte ferngehalten, damit sie bloß kein „ungelegenes Urteil über die Statue" abgebe. Nicht auszudenken, sie hätte vor hunderttausend Pilgern und all der Honorität und Geistlichkeit jene Worte wiederholt, die sie von sich gab, als man die edle Madonna bei ihrer Ankunft aus Lyon im Pfarrhaus von Lourdes aus ihrer Holzkiste packte. Die Seherin sagte nur knapp: „Das ist sie nicht."

Zu diesem Zeitpunkt jedoch war der Zug bereits abgefahren. Er rollte unaufhaltsam. Am 4. April 1864 hatte die Geschichte von Lourdes längst ihren Lauf genommen, eine Geschichte, die zu groß war für das Pyrenäenmädchen Bernadette. Viel zu groß für das Kind der Eltern Louise und François Soubirous.

Der Müller François Soubirous war ein Mann mit weichem Herz. Das hat ihm viel Sympathien eingetragen, allerdings bloß post mortem. Zu Lebzeiten, bevor seine Familie ins Rampenlicht rückte, stieß er hingegen auf Verachtung. Für einträgliche Geschäfte und rentables Wirtschaften war Soubirous nicht geschaffen. Mit seiner Gutmütigkeit lockte er geldknappe Kunden an, gewährte großzügig immer wieder Kredit und brachte die Mühle von Boly schließlich in den Bankrott. Zudem schaute er bisweilen gern auch mal ins Glas und büßte beim Schleifen der Mühlsteine ein Auge ein. Ruiniert, gepfändet und völlig verarmt verdingte er sich als Tagelöhner. Der Wert seiner Arbeitskraft bemaß sich auf 1,20 Franken pro Tag, 35 Centimes weniger als der Nutzwert eines Pferdes. Für seine sechsköpfige Familie blieb als Behausung nur das Cachot von Lourdes, die unbewohnbare Zelle eines verfallenen Gefängnisses, ein feuchtes, muffiges Rattenloch.

Am 9. Januar 1843 ehelichte der vierunddreißigjährige François das Mädchen Louise. Sie war blond, hatte blaue Augen und stammte aus der Müllersfamilie der Casterots. Ihr Vater hatte zwei Jahre zuvor bei einem Unfall unter einem Pferdekarren sein Leben verloren. Bei ihrer Eheschließung mit dem doppelt so alten François zählte sie siebzehn Jahre. Von den neun Kindern, die sie gebar, starben vier gleich nach der Geburt. Man sagte ihr eine etwas rauhe Art nach, auch soll sie ihren Kindern gegenüber bisweilen zum Prügelstock gegriffen haben. Dennoch war sie eine gute Mutter und führte den Haushalt ordentlich. Zwischen Louise und François fielen keine lauten Worte, es gab weder Zank noch Streit. Nie erhob sie ein böses Wort gegen ihn, so sagte Vetter Sajous. Zwar waren die Soubirous bitterarm, aber sie waren auch stolz. Weshalb sie niemals betteln gingen. Statt dessen schlich sich der kleine Jean-Marie in die Pfarrkirche und kaute sich am herabgetropften Wachs der Kerzen satt. Derlei rührende Armutsanekdoten kursieren zuhauf. Vielleicht sind sie erfunden, vielleicht auch nicht. Jedenfalls laufen sie nicht der Wahrheit zuwider. Denn die Soubirous waren ganz unten. Es gab in Lourdes niemanden, der zu ihnen hätte aufschauen können. Das erste Kind, das am 7. Januar 1844 in diese Familie hinein geboren wurde, war ein Mädchen. Sein Name war Bernadette.

Sie war ein sehr, sehr außergewöhnlicher Mensch. Denn sie war ein Mensch mit Bestimmung. Dazu lohnt es sich, einmal in der Abhandlung von Carl Gustav Jung „Vom Werden der Persönlichkeit" zu lesen. „Wer Bestimmung hat", so Jung, der „hört die Stimme des Innern". Er ist „von einer Stimme angesprochen". Von dieser

Bestimmung gibt es kein Abweichen. Sie wirkt wie „ein Gesetz Gottes“. Und als sei dieser Satz für Bernadette geschrieben, sagt Jung weiter: „Die Tatsache, daß sehr viele an ihrem eigenen Weg zugrunde gehen, bedeutet dem, der Bestimmung hat, nichts.“

Ihrer Stimme ist Bernadette gefolgt. Auch am 4. April 1864. An dem Tag, als Bischof Bertrand Sévère die Marmormadonna der Grotte segnet, verkündet Bernadette ihren lange und in aller Stille gereiften Entschluß. Sie will ihre Heimat Lourdes für immer verlassen.

3. Kapitel

Die Stimme des „Aquerò", die Gebote der Vernunft und die Füße des Teufels

Vielleicht wäre ihr Lebensweg gradlinig verlaufen, in jenen engen, vorgezeichneten Bahnen, welche die Armut dem Dasein gemeinhin vorschreibt. Mit etwas Glück hätte Bernadette vielleicht einen Mann gefunden. Vielleicht hätten sie sich durchgeschlagen, sich ein Stück aus dem Kreislauf der Not herausgewirtschaftet. Wahrscheinlich aber wäre Bernadette zeitlebens nicht aus dem Erbe ihrer Familie herausgetreten, hätte ein Dutzend Kinder zur Welt gebracht, und die Hälfte davon wäre ihr weggestorben, noch vor den ersten kleinen Schritten ins Leben.

Aber wer hätte sie schon als Frau genommen, die älteste Soubirous aus dem muffigen Cachot, die Analphabetin, dieses schwindsüchtige, tuberkulöse Mädchen, das jederzeit an ihren quälenden asthmatischen Anfällen zu ersticken droht. Vermutlich hätte sie bis an ihr Lebensende Lumpen, Holz und Alteisen für ihre Familie gesammelt oder den Männern im Wirtshaus Wein eingeschenkt. Oder sie hätte für ein paar Sous weiterhin Schafe und Ziegen gehütet, irgendwo in der Nähe der Stelle, wo heute ein Zaun steht und der Pfarrer aus Augsburg über die Feinde des Glaubens spricht. Denn sie war ja zu nichts zu gebrauchen. Zu rein gar nichts. Nicht einmal hat man ihr das gesagt. Hunderte Male. Die Lehrerin, die Staatsdiener, die Priester. Sie alle waren mit ihren gnadenlosen Richtersprüchen weiß Gott nicht zimperlich.

Doch dann rief ihre Stimme. Erstmals am Vormittag des Donnerstag, dem 11. Februar 1858. Beim Holzsammeln an den Ufern des Gave trat dieses „Das da" in das Leben der gerade vierzehnjährigen Bernadette Soubirous, dieses „Aquerò", wie das Mädchen ihre wundersame Erscheinung im Pyrenäendialekt nannte. Jahre später schrieb Bernadette: „Vierzehn Tage lang kam ich zur Grotte zurück. Die Vision erschien alle Tage, mit Ausnahme eines Montags und eines Freitags. Sie wiederholte mir mehrere Male, ich solle den Priestern sagen, daß dort eine Kapelle erbaut werden müßte. Ich solle an die Quelle gehen, um zu trinken und mich zu waschen, und ich solle beten für die Bekehrung der Sünder. Während mehrerer Male fragte ich sie, wer sie sei. Sie lächelte nur. Sie ließ ihre beiden Arme herabhängen."

Sehr bescheiden, mit respektvoller Ehrfurcht spricht Bernadette von der Lichtgestalt zunächst nur als „Aquerò". Das einfache Volk ist weniger zurückhaltend. Es ist sich sicher: Die selige Jungfrau ist erschienen. Marienerscheinungen waren dereinst so außergewöhnlich nicht. Zumindest nicht im 19. Jahrhundert, und schon gar nicht in Frankreich und erst recht nicht in den Pyrenäen. In einer akribischen, aber längst nicht vollständigen Dokumentation haben Gottfried Hierzenberger und Otto Nedomansky weltweit über 900 Marienerscheinungen in den letzten zwei Jahrtausenden aufgezeichnet. Dabei sind manche Visionen gerade im Pyrenäengebiet wie etwa in Bettharam oder St. Savin gar nicht in die Bestandsaufnahme einbezogen. Dennoch sticht ins Auge: mit rund fünfzig Erscheinungen im 19. Jahrhundert liegt das damals nicht sonderlich glaubensfreundliche Frankreich einsam an der Spitze.

Auch Ursula Bernauer macht in ihrer Studie „Die schöne Dame von Lourdes" darauf aufmerksam, daß die Stadt am Gave von vielen Orten umgeben ist, in denen die Jungfrau Maria verehrt wird. Eine interessante Parallele zu Lourdes entdeckt Frau Bernauer mit der Geschichte der Notre Dame de Garaison bei Tarbes.

Nur 20 Kilometer von Lourdes entfernt ergeht dort bereits 1520 an ein Hirtenmädchen ein Auftrag. Sie soll ihren Vater und die Dorfobrigkeit davon unterrichten, eine Kapelle bauen zu lassen, in der fortan „Unsere Liebe Frau von der Genesung“ verehrt wird. 1652 erscheint die Gottesmutter in La Prénessaye, heilt die taubstumme zwölfjährige Jeanne und bittet um eine Kapelle. Zwölf Jahre später ereilt wiederum ein Hirtenmädchen in Le Laus die Botschaft zur Errichtung einer Kirche. 1820 wünscht Maria von dem siebzehnjährigen Jean Poull in Lescout-Gouarec einen Gang zum Pfarrer. Die Bitte: der Bau einer Kapelle.

Lokale Mariengeschichten und große Heiligenlegenden waren in Lourdes Mitte des 19. Jahrhunderts natürlich bekannt. Sie gehörten ebenso selbstverständlich zum Glaubensleben wie der Rosenkranz, der Gang zum Beichtstuhl oder der Marienaltar zur Maienzeit. Doch alle Frömmigkeit und eine noch so ungebrochene Volksreligiosität konnten schwerlich darüber hinwegtäuschen: Die alten Fundamente des Glaubens hatten zur Zeit der Erscheinungen von Lourdes längst dicke Risse bekommen. Das Gebäude der Kirche war baufällig, konnte dem Druck des menschlichen Freiheitsdrangs, den Ideen von Aufklärung, Liberalismus und Materialismus kaum mehr standhalten. Dem französischen Klerus dämmerte das „siècle des lumières“ als der zweite Sündenfall. Nach dem Sturm auf die Bastille 1789 und der zweiten bürgerlichen Revolution von 1848 trat er die restaurative Flucht in die Vergangenheit an. Er klammerte sich erinnerungsvoll an die royalistische und vermeintlich glaubensfestere vorrevolutionäre Epoche.

Doch das Denken hatte längst gegen das Dogma revoltiert. Die Vernunft trat mit den Waffen der Wissenschaft an, gegen die metaphysische Theologie, gegen den Glauben, gegen die Religion. Nicht die göttliche Offenbarung, die Kraft des Verstandes verschafft Erkenntnis. Kein göttlicher Heilsplan, die menschliche Tat macht die Geschichte. Zu einer Zeit, als sich im kirchlichen Lehramt die Sonne noch um die Erde drehte, war religiöse Skepsis längst einem Materialismus und unverhohlenen Atheismus gewichen. Bereits ein Jahrhundert vor Lourdes diagnostizierte Lamettrie „den Menschen als Maschine“, attackierte Holbach in seinem „System der Natur“ die Macht von Adel und Kirche, und auch die Geistesgröße Voltaire hatte für wuchernden Aberglauben und klerikale Bevormundung, für Kirche und Pfaffentum nichts anderes mehr übrig als satirischen Hohn und Spott.

Zu der Zeit, als sich François Soubirous als Tagelöhner verdingt, veröffentlichten Karl Marx und Friedrich Engels ihr „Kommunistisches Manifest“ und proklamierten die Vereinigung der Proletarier aller Länder. Als in der Grotte von Massabielle die ersten Kerzen brennen, bringt Charles Darwin „Die Entstehung der Arten“ zu Papier und führt, welch ein Schock für die alten Glaubenskräfte, mit seiner Evolutionsthese die bis dato unbefragte mittelalterliche Schöpfungstheologie ad absurdum. Als hunderttausend Pilger in Lourdes mit dem Bischof von Tarbes das „Tedeum“ sangen, war die These des Religionsphilosophen Ludwig Feuerbach, der im Gottesglauben nichts anderes erkannte als die projizierte Selbstvergötterung des Menschen, schon wieder überholt. Da galt in aufgeklärten Zirkeln die Marxsche Diktion von der Religion als „Opium für das Volk“ längst als ausgemachte Sache.

Man muß versuchen, sich vorzustellen, welche Geisteskräfte im Lourdes des Jahres 1858 zusammenstießen. Kräfte und Mächte, die natürlich nie ins Cachot durchgesickert waren. Ideen, von denen die ungebildete Bernadette nicht im entferntesten ahnte, daß es sie überhaupt gab. 1858 wird Lourdes zu einer Schnittstelle, verdichtet sich zu einem konzentrischen Punkt, in dem diese Geistesströmungen aufeinanderprallen. 1858 spreizt sich das Städtchen in einem historischen Spagat, das eine Bein in der Neuzeit, das andere noch tief im Mittelalter. Und mitten dazwischen die vierzehnjährige Bernadette Soubirous.

Die Advokaten der Vernunft wie der Staatsanwalt Vital Dutour und Bürgermeister Lacadé fürchten einen wildwuchernden Aberglauben. Polizeikommissar Jacomet sieht die öffentliche Ordnung bedroht. Auch den Geistlichen liegt die Sache quer. Eine aufgebauschte Mariengeschichte, die sich womöglich als fauler Zauber erweist, als geschickter Schwindel, von den Gesetzen der Wissenschaft gar höhnisch bloßgestellt, das darf man sich in diesen Zeiten nicht leisten. Da darf man sich auf keinen Fall die Finger verbrennen.

Abbé Peyramale, ein gestandener Gottesmann fernab neumodischer Freigeisterei und daselbst Pfarrer von Lourdes, rückt plötzlich ins Rampenlicht. Er ist zunächst wenig erbaut von der Vorstellung, eine schwindsüchtige Analphabetin aus einer Hungerleiderfamilie könne außerhalb der kirchlich verordneten Wege einer schönen weißen Dame begegnet sein. Schroffe Ablehnung schlägt Bernadette entgegen. Sein mächtiger Zorn bricht aus, als sich die Seherin ihrem Pfarrer anvertraut. Doch der Mann ist lebensklug und keineswegs hartherzig, und wohl auch ein wenig vom Geist jenes Materialismus angehaucht, der das sichere Wissen an die Stelle eines windigen Glaubens setzt. Deshalb muß ein Zeichen her, ein untrügliches Zeichen, ein sicherer Beweis. So wie dereinst im Jahre 1531 der mexikanische Bischof Zumárraga von dem getauften Azteken Juan Diego einen Beweis forderte. Der sollte ihn damals bekommen, so ist jedenfalls überliefert. Auf dem Gipfel des Tepeyac ließ die Jungfrau von Guadaloupe mitten im Winter die üppigste Blumenwiese erblühen.

„Wenn die Dame ihre Kapelle haben will", so der Abbé zu Bernadette, „sag ihr, sie soll ihren Namen nennen und den Rosenstrauch an der Grotte zum Blühen bringen." Das wärs natürlich gewesen. Rosen von heute auf morgen in voller Blütenpracht und das zur kalten Jahreszeit vor Tausenden von Leuten, da hätte man dieser ungläubigen Dekadenz in den Salons von Paris schon etwas entgegensetzen können. Aber der Strauch hat nicht geblüht.

Als Bernadette ihrer weißen Dame den Wunsch des Pfarrers vorbringt, lächelt „Aquerò" nur, verschweigt jedoch beharrlich ihre Identität und sagt statt dessen: „Buße! Buße! Buße! Küsse die Erde in Reue für die Bekehrung der Sünder!" Das Motiv „Sünde-Reue-Buße" war in Frankreich dereinst überaus bekannt. Es bewegte die Glaubensgemüter seit den mirakulösen Geschehnissen in La Salette. Zwölf Jahre vor Lourdes waren es wiederum zwei Hirtenkinder, denen Maria erschien: mit einer ebenso spektakulären wie düsteren apokalyptischen Prophezeiung.

Sie liest sich wie ein endzeitliches, mittelalterliches Kampfpamphlet. Demnach steht der Menschheit „am Vorabend schrecklichster Geißeln" der Vorläufer des Antichrists mit seinen Truppen ins Haus. Mit „eiserner Rute geführt", haben die Menschen „den Kelch des Zornes zu trinken". Maria droht, wie Melanie Calvat allerdings erst dreißig Jahre später aufschreiben wird, mit einem beispiellosen himmlischen Rachefeldzug, gerichtet gegen einen ungläubigen Liberalismus und ein lasterhaftes Bürgertum inklusive einen lax-lauen Klerikerstand. „Die Priester, Diener meines Sohnes, sind durch ihr schlechtes Leben, ihre Pietätlosigkeit bei der Feier der heiligen Geheimnisse, durch ihre Liebe zum Gelde, zu Ehren und Vergnügungen zu Kloaken der Unreinheit geworden." Doch die Zeit sei da, verkündete die weißgewandete Gottesmutter von La Salette, wo „Wasser und Feuer die Erde reinigen und alle Werke des menschlichen Hochmuts vertilgen".

„Wenn ihr nicht Buße tut, werdet ihr alle zugrunde gehen." Das ist die Quintessenz der Botschaft von La Salette. Ausgesprochen wurde sie im Jahr 1851 durch Papst Pius IX., der in dem marianischen Untergangsszenario als einziger noch recht gut abschneidet. „Der Stellvertreter meines Sohnes", heißt es, „wird viel leiden. Doch ich werde bei ihm sein, um sein Opfer anzunehmen." Drei Jahre darauf sollte Pius IX., erstmals übrigens unter dem Anspruch päpstlicher Unfehlbarkeit, das Dogma der Immaculata conceptio verkünden. Als von Gott geoffenbart galt Maria fortan als „virgo intacta", als „unbefleckt". Das ist die Antwort des kirchlichen Lehramtes auf das Zeitalter des religionsbedrohenden Materialismus. Ein dogmatischer Spagat. Auf der einen Seite das Dogma der Unbefleckten Empfängnis, das die sündelose und begierdefreie Maria von jeglicher Erbschuld freispricht. Auf der anderen Seite die kirchliche Anerkennung La Salettes als Heiligtum, mit einer Maria als unbarmherzigem Racheengel, als düsterer Prophetin eines blutigen Kreuzzuges, die durch zwei Kinder verlauten läßt: „Gott wird in beispielloser Weise zuschlagen."

Doch zurück zur lächelnden Dame von Lourdes. Zehn Tage nach Bernadettes erster Vision schalten sich die Behörden ein. Den Ordnungshütern wird es mulmig. Die Nerven der Staatsorgane liegen blank. Die Leute werden unruhig. Lourdes gerät aus den Fugen. Die Geschehnisse sind schwerlich kontrollierbar. Natürlich stürzen sich auch die Zeitungen auf die Ereignisse. Obgleich Bernadette nie das Wort benutzt, ist von einer angeblichen Erscheinung der Muttergottes die Rede. Doch was den Presseleuten nur ironisches Hohngelächter entlockt, ist dem schlichten Volk Offenbarung. Zuerst ziehen nur ein paar hundert, dann Tausende zur Grotte. Denn was sonst als die heilige Mutter Gottes sollte da am Ufer des Gave geleuchtet haben? Doch außer Bernadette, niemand der Schaulustigen sieht etwas. Das ändert sich freilich. Eine visionäre Epidemie bricht aus. Im Juli 1858, zur Zeit der achtzehnten und letzten Erscheinung der Bernadette, versichern in Lourdes bereits fünfzig Schulkinder, die Madonna gesehen zu haben. Auch einige angesehene Bürgersfrauen haben Visionen. Sie wurden, wie der Chronist Laurentin bemerkt, vom Pfarrer Peyramale weitaus freundlicher empfangen als das Mädchen aus dem Cachot.

Am Sonntag, den 21. Februar 1858, dem Tag der sechsten Erscheinung, steht Bernadette vor dem Polizeikommissar Jacomet und dem Steuerverwalter Estrade. Es ist ihr erstes Verhör, dem eine schier endlose Kette von inquisitorischen Vernehmungen, Einschüchterungen und Drohungen folgen sollte.

Aus dem Gesprächsprotokoll mit Jacomet ist in der 1979 herausgegebenen Schrift „Hundert Jahre Bernadette" zu lesen:

– Man sagt, du würdest die Muttergottes sehen.
– Ich sage nicht, daß ich die Muttergottes gesehen habe.
– Ach so! Du hast also nichts gesehen.
– Doch, etwas habe ich gesehen.
– Was hast Du denn gesehen?
– Etwas Weißes.
– Etwas oder jemanden?
– Dieses Etwas („Aquerò") hat die Form einer kleinen Dame (im Dialekt: damiselle).
– Du warst doch wohl mit anderen Mädchen zusammen, als Du dies Etwas gesehen hast?
– Ja, mein Herr.
– Haben sie etwas gesehen?
– Nein, mein Herr.
– Woher weißt Du das?
– Sie haben es mir gesagt.
– Warum haben sie nichts gesehen?
– Ich weiß es nicht.
– Diese kleine Dame, war sie bekleidet?
– Sie trug ein weißes Kleid, einen blauen Gürtel, einen weißen Schleier auf dem Kopf und eine gelbe Rose auf jedem Fuß, wie die Farbe der Kette ihres Rosenkranzes.
– War sie schön?
– Oh ja, mein Herr, sehr schön.
– Schön wie wer? Wie Frau Pailhasson? Wie Fräulein Dufo?
– Die können ihr nicht das Wasser reichen.

Kommissar Jacomet, zunächst noch kühl und nüchtern in seinen Fragen, stürzt am Ende des stundenlangen Verhörs von einem Tobsuchtsanfall in den nächsten. Er brüllt, zittert vor Wut, verdreht die Worte des Mädchens, will sie in Widersprüche verwickeln. Ewig redet er von der Jungfrau, wo Bernadette von „Aquerò" spricht. Als Bernadette sich mit klarer kindlicher Aufrichtigkeit gegen die Verdrehungen verwahrt und zudem getreu ihrem Gelöbnis an die Dame nicht verspricht, nie wieder zur Grotte zu gehen, will Jacomet sie ins Gefängnis werfen.

Der Bürgermeister Lacadé und der Präfekt Baron Massy verfallen auf eine erfolgversprechendere Idee. Sie beordern eine Riege Ärzte. Sie sollen das Mädchen für geisteskrank erklären und in eine Irrenanstalt einweisen. Doch Bernadette erhält Beistand, ausgerechnet von einem dieser agnostischen Freigeister. Der Lourder Stadtarzt Dr. Douzous ist bedingungsloser Naturforscher, ein Mann der medizinischen Wissenschaft. Er ist interessiert an dem „seltenen pathologischen Fall", der sich jedoch als gänzlich unpathologisch erweist. Douzous Untersuchungen erlauben ihm das Fazit: Bernadette gelangt in ekstatische Zustände und dadurch in eine geistige Verfassung, in der visionäre Phänomene durchaus möglich sind. Von Geisteskrankheit keine Spur.

Die Theologen freilich geben sich nicht zufrieden. Irgendwie muß der suspekten Seherin schließlich beizukommen sein. Der gewiefte, mit allen Wassern der Kasuistik gewaschene Jesuit Negré taucht auf. Über seinem Verhör schwebt noch immer ein Hauch von mittelalterlicher Inquisition und Exorzismus. Negré spekuliert auf Satanisches. Im Juli 1858 will der spitzfindige Theologe von Bernadette wissen, welche Füße die Erscheinung hatte. „Ich weiß", dieser Satz ist von dem Jesuiten überliefert, „daß der Teufel bei Erscheinungen normalerweise Tierfüße hat." So will Negré Bernadette denn auch einreden: „Mein armes Kind, denk nicht, die Mutter Gottes gesehen zu haben, es war der Teufel, den du gesehen hast." Das Mädchen antwortet schlicht: „Der Teufel ist nicht so schön."

Bernadette argumentierte nicht. Wo hätte sie rhetorische Spiegelfechtereien auch lernen sollen in einer Familie, die sowieso nichts zu sagen hatte. Sie beherrschte noch nicht einmal die französische Sprache. Sie antwortete planlos, ohne überlegtes Kalkül und ohne Berechnung. Dennoch war sie allen überlegen. Aufgeklärte Geister und jene, die sich dafür hielten, studierte Theologen und geweihte Gottesmänner, staatliche Autoritäten und lokale Potentaten, sie alle verblassen vor der Vierzehnjährigen, die eigentlich nur eines macht: sie spricht einfach und unbeirrt und aus der aufrichtigen Einfalt ihres Herzens. Das tun die anderen nicht. Sie wollen Bernadette aufs Kreuz legen, setzen auf ihre intellektuelle Überlegenheit und autoritäre Macht. De Rességuier, ein Abgeordneter der Hochpyrenäen, will wissen, so das Protokoll:

– „Welche Sprache hat die Muttergottes gesprochen?"
– (Schweigen). „Du weißt nicht, was eine Sprache ist?"
– „Doch."
– „Nein, streck nicht die Zunge heraus. Ich frage dich, ob die Muttergottes Französisch oder Latein gesprochen hat?"
– „Im Dialekt von Lourdes."
– „Du irrst dich. Im Himmel spricht man keinen Dialekt."
– „Woher können wir es, wenn der Liebe Gott es nicht kann?"

4. Kapitel

Die sechzehnte Erscheinung

Am Dienstag, den 2. März 1858, dem Tag ihrer dreizehnten Erscheinung, vernahm Bernadette die Worte: „Gehe zu den Priestern und sage ihnen, man solle in Prozessionen hierherkommen und eine Kapelle errichten."

Bernadette hätte hundertmal zu den Pfarrern gehen und tausendmal um eine Kapelle bitten können, für ihre unbekannte weiße Damiselle hätte sie nicht einmal einen Stein für ein Kirchlein bekommen. Geschweige denn eine Basilika, deren neugotischer Turm immerhin dreiundneunzig Meter hoch in den Himmel ragt. Die Erscheinung eines bloßen Aquerò, eines leuchtenden „Das da" stiftet keinen Wallfahrtsort. Mit der Vision einer wunderschönen Dame wäre die kleine Geschichte der Bernadette niemals in die große Geschichte der Heiligen eingegangen.

Doch dann kam der Tag der sechzehnten, einer äußerst wundersamen und rätselhaften Erscheinung. Bis dato hatte sich Bernadette beharrlich gehütet, Aquerò mit der „seligen Jungfrau" zu identifizieren. Und darf man den Chronisten Glauben schenken, so verspürte sie auch keine Neigung dazu. Bernadette empfand kein sonderliches Bedürfnis, den Namen ihres geheimnisvollen Gegenübers zu erfragen. Die Anderen waren da weitaus wißbegieriger. Was im Falle des Abbé Peyramale natürlich verständlich ist. Schließlich war er Bernadettes erster Ansprechpartner. Er geriet in die unangenehme Rolle des Vermittlers zwischen Bernadette, der weißen Dame und seinem Bischof. Gegenüber seinen Vorgesetzten stand er vor der Aufgabe, die Äußerungen des mysteriösen Aquerò in theologischen und kirchenamtlichen Klartext zu übersetzen. Daher bedrängte er Bernadette immer wieder, sie möge Aquerò veranlassen, endlich ihren Namen preiszugeben. Seinem Drängen wurde nachgegeben, am Fest Mariä Verkündigung. Man schrieb den 25. März 1858.

In aller Herrgottsfrühe, schon morgens um fünf, eilt Bernadette zur Grotte. Sie kniet nieder und betet den Rosenkranz. Ihre weiße Dame erscheint. Dreimal stellt Bernadette überaus höflich die Frage: „Mademoiselle, hätten Sie die Güte, mir zu sagen, wer Sie sind." Dreimal lächelt Aquerò, ohne zu antworten. Beim vierten Mal, so schrieb Bernadette später auf, „hob sie die Augen und betrachtete den Himmel, dann sagte sie mir: ‚Que soy era Immaculada Councepciou'" – „Ich bin die Unbefleckte Empfängnis." Es sollten die letzten Worte der Dame an Bernadette sein. Hernach erschien sie zwar noch zwei Mal, doch sie sprach nie wieder.

„Que soy era Immaculada Councepciou." Mit diesen Worten rennt Bernadette zum Pfarrer Peyramale. Er war es schließlich, der den Namen der Erscheinung wissen wollte. „Que soy era Immaculada Councepciou." Andauernd muß sie die Worte vor sich her sagen. Ständig wiederholt sie den Satz. Sie darf ihn nicht vergessen. Denn Bernadette ahnt, die Botschaft dieses Satzes ist wichtig. Wichtig für den Pfarrer.

Bernadette wird die Botschaft im Gedächtnis bleiben. Schließlich ist ihr die Methode des stupiden Wiederholens von Sätzen seit Kindesbeinen geläufig. Vor allem solcher Sätze, deren Sinn ihr fremd blieb, die sie nie verstanden hat. Nach dieser stumpfsinnigen Methode, das erzählt René Laurentin, hatte ihr ihre ehemalige Amme in Bartrés die Glaubenswahrheiten des katholischen Katechismus beigebracht. „Wiederhol das, wiederhol das, wiederhol das!" Das war der Weg der Glaubensvermittlung. „Gebieterisch", so der

Biograph, wiederholte die Amme Marie Laguès „unablässig dieselben Sätze und bleute sie dem Mädchen ein wie mit einem Knüppel."

Und nun fängt der Streit an. „Que soy era Immaculada Councepciou": Hat Bernadette diese Worte gekannt oder nicht? Diese Streitfrage beschäftigt allen Ernstes die Gemüter, was eine ziemlich törichte Angelegenheit ist. Das ist schon Kurt Tucholsky aufgefallen, der für sein „Pyrenäenbuch" nach dem Ersten Weltkrieg auch einige Wochen in Lourdes weilte. In der Bernadette-Literatur, schreibt Tucholsky, werde „auf diesen Punkt der allergrößte Wert" gelegt, daß das Mädchen die Worte von der „conceptio immaculata" auf keinen Fall gekannt haben kann. Warum eigentlich nicht?

Der Grund ist einfach. „Que soy era Immaculada Councepciou." Dieser Satz erlaubt eine Verbindung. Eine Verbindung, die ein bloßes leuchtendes Aquerò nicht gestattet. Dieser Satz gestattet eine Beziehung zum Dogma des Pius IX., und erst mit dieser Beziehung gewinnt Bernadette an Glaubwürdigkeit. Das Mädchen aus dem Cachot wird zusehends wichtiger, als das Dogma ins Spiel gerät. Wenn nun, so die heimliche Argumentation der Bernadette-Traktätchen, dem Kind dieses Dogma absolut unbekannt war, dann erhält ihre Erscheinung den Charakter einer göttlichen Eingebung, einer marianischen Offenbarung. Und diese Offenbarung wiederum gilt als objektive und beweiskräftige Bestätigung des Dogmas.

Zunächst jedoch ist wahrscheinlich: Die Vierzehnjährige hat die Worte von der Unbefleckten Empfängnis irgendwo einmal aufgeschnappt, während der Gottesdienste, bei den Kaplänen oder beim Pfarrer. Bernadette war ein Pyrenäenkind. Sie wuchs in einer marienfrommen Gegend auf, wo Marienvisionen, Wunderquellen und die Erscheinung weißer Frauen vielfach belegt sind. Bernadette war ja selber eine glühende Marienverehrerin. Im Mai errichtete sie auf den Wiesen und neben ihrem Bett Altäre zur Ehre der Gottesmutter. Ständig betete sie den Rosenkranz und trug ihn sogar beim Holzsammeln am Gave in der Tasche. Die Lehrsätze des Katechismus hatte man ihr eingehämmert. Und ein solches Kind, dem, wie Laurentin schreibt, „die Anrufung aus dem Abendgebet: ‚Oh Maria, ohne Sünde empfangen'" vertraut war, soll das Wort von der Unbefleckten Empfängnis niemals gehört haben? Gerade in den Pyrenäen wurde die Dogmatisierung der conceptio immaculata durch Pius IX., die im Jahr 1854 in der ganzen Welt für Aufsehen sorgte, mit größter Freude und Genugtuung aufgenommen.

Die Frage, ob Bernadette das Dogma kannte oder nicht, ist unmaßgeblich. Spannender ist jedoch die, welche Bedeutung die Rede von der conceptio immaculata für das Mädchen besaß. Es sind Worte in Latein, Worte des Klerus, geheimnisumwittert gewiß, mit der Autorität eines unergründlichen Mysteriums. Es sind Worte wie von höherer Macht, in einer Sprache jedoch, die Bernadette nicht versteht. Für das Kind sind sie leere Hülsen. „Que soy era Immaculada Councepciou." Dieser Satz besitzt für Bernadette Soubirous keinen Erkenntniswert, obwohl er für sie äußerst wertvoll ist. Der unschätzbare Wert dieses Satzes besteht für sie darin, daß sie dem Pfarrer eine Antwort bringen kann. Sie wurde schließlich einem ungeheueren Druck ausgesetzt. Denn das Mädchen wußte ganz genau, ohne eine Antwort werden die Wünsche der weißen Dame niemals erfüllt werden: keine Kirche also und keine Prozessionen.

Der 25. März 1858, das Fest Mariä Verkündigung, markiert einen Wendepunkt in Lourdes. Mit diesem Tag scheint die Frage beantwortet, wer sie denn nun war, die Lichtgestalt in der Grotte. Eine göttliche Offenbarung? Eine Selbstsuggestion? Eine Halluzination? Ein bloßes Produkt der Phantasie? Ein Hirngespinst, eine Chimäre, oder vielleicht doch der getarnte Bocksbeinige des Jesuiten Negré?

„Que soy era Immaculada Councepciou." Damit ist alles gesagt. Es war die Unbefleckte Empfängnis, die reine Jungfrau. Dieser Satz gilt, von

1858 bis heute. Allerdings nur innerhalb des Zaunes von Lourdes. Außerhalb jedoch, wo die weiße Dame in den Eisbechern der Cafés gelandet ist, sieht die Sache schon etwas komplizierter aus. An der Schwelle zum dritten Jahrtausend interessiert eine Immaculada Councepciou von achtzehnachtundfünfzig nicht mehr sonderlich. Außerhalb des Zaunes scheint so recht kein Weg auf, wie die Wahrheit hinter den Worten des Dogmas von der Unbefleckten Empfängnis die Menschen in ihrer Existenz noch bewegen könnte.

Vor der Rosenkranzbasilika

In den Pyrenäen

Die Madonna vom Schnee auf dem Weg nach Cauteret

Die Rosenkranzbasilika im Heiligen Bezirk von Massabielle

Bernadette im Burggarten des Château Fort

Der Preis des frommen Kitsches

68F
68F
32F
32F
32F
02
63F

Die Lourdes-Madonnen

Das Gebet vor der Unbefleckten Empfängnis

Die kleine Rast der Pilgerfrauen

Die Meditation des Rosenkranzes

Die Erinnerung an die Pilgerfahrt

In Erwartung der Krankensegnung

Eine Stunde vor Beginn der Lichterprozession

Das Blumenopfer an der Grotte

Das Lourdeswasser

An den Wasserhähnen

Der Geschmack des Wassers

Das große Kerzenopfer der Zigeuner

Die Kerze für die Freunde

Das Opfer für die Familie

Die Ankunft der irischen Wallfahrer

Die Pilgermädchen aus Rußland

Vor dem Elternhaus der Bernadette Soubirous

Bernadette im Wachsfigurenkabinett

Die Prozession der Gitans

Die Basilika bei Nacht

Der Schlaf der Rue de la Grotte

Die Lichterprozession im Mai

Die Frauen aus Polen

Das Mädchen aus Rußland

Vor der Immaculada Councepciou

Der Gang über die Esplanade

Der Rollstuhl

Auf dem Weg zur Prozession

Die kranken Schwestern vom Lourdes-Verein Köln

Die Frau und der Christus der Gitans

In der Madonnenfabrik

Die Madonna der Grotte

5. Kapitel

Der weite Mantel Marias, ein paar alte Fotografien und das Lächeln der Bernadette

In seiner umfangreichen Studie über Maria als „Jungfrau, Mutter, Herrscherin“ enthüllt der Historiker Klaus Schreiner die schillernden Facetten „der universellen Frau des Abendlandes“, des „Faszinosum“ Maria. Sie war und ist einfach alles: unschuldiges Mädchen und fürsorgliche Mutter, dienende Magd und schöne Geliebte, strahlende Königin im Himmel und Freundin der Schwachen auf Erden, mal froh, mal leidend, mal trauernd. Auf einen ersten, oberflächlichen Blick gleicht Maria einer riesigen Leinwand. Auf sie projiziert ein jeder, was seiner ureigensten Bedürfnislage entspricht, Träume, Sehnsüchte und Hoffnungen, persönliche Wünsche und kollektive Egoismen.

Maria half. Das bezeugen nicht nur die ungezählten Dankesgaben und Votivtafeln, nicht nur in Lourdes, sondern in vielen Marienwallfahrtsorten wie etwa im niederbayerischen Altötting oder im mexikanischen Chalma. Maria hilft und half, aber nicht immer zum Segen. Als wunderwirkende himmlische Fürsprecherin mußte sie des öfteren ganz und gar unselige Zwecke heiligen. Mit der „Maria vom Siege“ auf den Fahnen schickten Könige und Herzöge ihre Soldaten in blutige Schlachtgemetzel. Marienfeste waren beliebte Termine für den Start von grausamen Kreuzzügen gegen die Heiden. Als „Marienreiter“ zogen die Ritter des Deutschen Ordens gen Osten. Maria war Kriegsbraut, Todesbote und Racheengel. Selbst der Antisemitismus benutzte die Gottesmutter als Anklägerin gegen die Juden als vermeintliche Gottesmörder. Zur zweifelhaften Ehre Marias wurden Synagogen geschleift und zu Marienkapellen geweiht. Zugleich stand Maria bei gegen alle erdenklichen Gebrechen an Leib und Seele, gegen die Unbilden der Natur, gegen Pest und Hungersnöte. Sie verhalf zum ritterlichen Turniersieg, gab lendenschwachen Männern die Zeugungskraft zurück und bewahrte schwangere Klosterfrauen vor Schmach, Schande und Kirchenbann. Maria schützte Stände und Städte, Völker und Nationen. Bis heute.

Ganze Völker finden unter dem Mantel der Schutzpatronin Zuflucht, Menschen, die unter erschreckendem Unrecht leiden, entwürdigt in den politischen Planspielen der Machthaber, gedemütigt durch die himmelschreiende Kluft zwischen beschämender Armut und üppigstem Reichtum. Die Armen blicken bei Maria in einen Spiegel. Freilich sehen sie dort weniger die strahlende Himmelskönigin oder die Unbefleckte, sondern, viel erdverbundener, die obdachlose Mutter. Die Armen wissen, was es heißt, wenn eine Frau ihr Kind in einem Stall entbinden muß.

Diese Menschen hoffen auf die verheißende Gottesmutter. Sie vertrauen auf die Maria des Magnifikats. Sie wird die Niedrigen erhöhen und die Mächtigen vom Thron stürzen. Irgendwann. Bis dahin bündelt Maria die Sehnsucht nach jener menschlichen Würde, die die ungerechten Umstände dem Leben allzuoft versagen. Deshalb pilgern die Gläubigen zur Jungfrau von Guadeloupe, zur Virgen von Copacabana oder zur Schwarzen Madonna in Polen. Dort versammelten sich am Hellen Berg von Tschenstochau zum Fest Maria Himmelfahrt oft eine halbe Million Wallfahrer und mehr. Das war während der Staatsdiktatur. Doch kaum fegte die Geschichte die Feinde des Katholizismus hinweg, da ließen die Wallfahrten zur schwarzen Muttergottes nach. Denn wirklich ernsthafte Konkurrenz hat die Patronin der polnischen Nation erst nach dem Kommunismus bekommen. Im neuen Zeitalter des Konsumismus muß sich das Marienbildnis von *Tschenstochau* gegen die mächtigen Statussymbole des Wohlstandes behaupten. Vielleicht wird irgendwann einmal ein gewiefter Geschäftsmann in den Cafés von *Tschenstochau* ein Schokoladeneis anbieten: schwarze Dame im Eisbecher.

Nun zeigt die Geschichte, kaum schwindet die eine, tut sich eine neue Facette der universellen Frau auf. Feministische Theologinnen rebellieren gegen eine entrückte Maria, gegen eine verklärt jungfräuliche Himmelsregentin, die in ihrer asexuellen und aseptischen Keimfreiheit alles mögliche ist, nur keine Freundin ihrer irdischen Schwestern. Die hingegen entdecken in Maria eine Art Urbild weiblicher Eigenständigkeit, das Bild einer selbstbewußten Frau, die im Gegensatz zur mythologischen Eva der Rippe des Mannes zur Selbstdefinition nicht mehr bedarf. Ein solch antipatriarchalisches und auch nicht gerade klerikerfreundliches Marienbild dürfte in Lourdes auf wenig Gegenliebe stoßen. Hier ist Maria nicht das Vorbild der selbstbestimmten Frau, hier offenbart sich Maria als unbefleckt reine Jungfrau und aufopfernd behütende Mutter.

Der Mantel Marias ist weit. In Maria aktualisieren sich immer wieder und mit neuen Facetten Archetypen des Weiblichen. Bezogen auf die Marienerscheinung von Lourdes ist hier auf die kenntnisreiche und erhellende Studie „Die schöne Dame von Lourdes" der Tiefenpsychologin Ursula Bernauer zu verweisen. Erstmals und eindrucksvoll werden hier Wege aus der Sackgasse festgefahrener theologischer Denkmuster aufgezeigt , indem Frau Bernauer den symbolischen Seelenreichtum der Geschehnisse von Lourdes entschlüsselt. Die Autorin rückt unbewußt Urbilder, wie sie in der Beziehung von Bernadette und der Jungfrau Maria aufscheinen, ins menschliche Bewußtsein. Es sind archetypische Bilder des Weiblichen, die, umso unbewußter Menschen sie ausleben, desto stärker auf die Gottesmutter übertragen werden. So hoffen Unterdrückte auf die Befreierin. Feldherren preisen die Bezwingerin der Feinde. Kranke flehen zur segensspendenden Heilerin. Feministinnen sehen die neue Frau.

Ein solch weiter Mantel freilich fordert ein Gedankenspiel heraus. Was bleibt eigentlich von Maria übrig, wenn wir von all diesen Bildern einmal den offenkundig menschlichen Anteil abziehen, all jene subjektiven Vorstellungen, die sich Gläubige zu den unterschiedlichsten Zeiten und mit den unterschiedlichsten Sorgen und Hoffnungen gemacht haben. Dahinter stecken natürlich auch individual- und kollektivpsychologische Gesetzmäßigkeiten. Die sind ja in diese Bilder unzweifelhaft hineingeflossen. Solche Bilder sagen meistens mehr über denjenigen aus, der ihnen anhängt, als über Maria selbst. Doch würde mit all den Übertragungen, mit all den menschlichen Anteilen am Marienbild gewissermaßen „die reine Maria" erscheinen. Die allerdings kein Mensch mehr denken könnte. Oder würde die Projektionsfläche verschwinden? Würde da nur eine weiße Leinwand sein? Oder nicht einmal die?

Daß die ihres Mantels entkleidete himmlische Maria sich in den Gesetzen der menschlichen Psyche auflösen würde, hat wohl der ebenso humane wie spöttelnde Gesellschaftskritiker Kurt Tucholsky angenommen. Er holt die Regina Coeli vom Himmel auf die Erde. Ganz radikal. Für Tucholsky war klar, wer hinter „Unsrer Lieben Frau von Lourdes" steckt. „Sie ist", sagt er in seinem „Pyrenäenbuch", „die Personifikation des menschlichen Willens, dem die Kirche das genommen hat, was sie der Gottheit gab." Und dann ergänzt Tucholsky: „Innen sitzt es – nicht außen."

Nun, ganz so einfach liegt die Sache nicht, aber bleiben wir zunächst bei diesem letzten Nachsatz. Denn dieser Gegensatz von innen und außen wird noch eine Weile zu denken geben. Denn dieser Gegensatz taucht in Lourdes eigentlich ständig auf. Das beginnt schon mit der Lebensgeschichte der Bernadette Soubirous, die mit dem Tag ihrer sechzehnten Erscheinung ganz allmählich eine neue Richtung bekommt.

Mit diesem Tag gerät Abbé Peyramale ins Grübeln. Zugleich verflüchtigt sich sein Zorn. Eine geheime Sympathie für Bernadette keimt auf. „Que soy era Immaculda Councepciou." Dieser Satz gibt ihm schwer zu denken. Zum einen sind es die theologischen Worte aus dem Munde einer Ungebildeten, die ihm zu schaffen machen. Doch es sind nicht allein die Worte, die das geheimnisvolle Aquerò in die Unbefleckte Empfängnis wandeln, und es ist auch nicht die Reminiszenz an das päpstliche Dogma, was nach barscher Schroffheit allmählich an die Gutherzigkeit des Pfarrers rührt. Es ist das Mädchen selbst. Bernadette selbst, so will ihm scheinen, ist der Beweis ihrer Aufrichtigkeit. Das Gespür für diese Aufrichtigkeit ist es, die den Pfarrer von seinen quälenden Bedenken erlöst. Und das nicht, weil Bernadette wahrhaftig sein will. Sie ist wahrhaftig. Sie schindet keinen Eindruck. Sie verkündet nichts. Sie versucht nicht Gott und die Welt zu überzeugen. Sie will einfach nur zum Ort ihres Glückes. Dort ist sie geborgen und sie wird tun, was die Dame der Grotte ihr aufträgt.

„Es drängt mich so", sagt Bernadette immer wieder aus kindlichem Gemüt, wenn ihr Obrigkeiten den Gang zur Grotte verbieten wollen. Das Aquerò ihrer Sehnsucht glich, so schrieb sie in späteren Jahren auf, „durch ihr Gesicht und ihre Kleider ganz und gar einer heiligen Jungfrau auf den Altären der Kirche von Lourdes, zu deren Füßen ich gewöhnlich betete; aber sie war lebend und von Licht umgeben." Wenn Bernadette von ihrer Erscheinung spricht, so fällt auf: die Damiselle ist so alt wie sie, so groß wie sie, sie hebt den Blick wie sie, sie faltet die Hände wie sie und lächelt wie sie. Bernadette spricht von Aquerò, so sagt Ursula Bernauer, „wie von ihrer himmlischen Doppelgängerin".

Von ihrer schlichten Schönheit und Anmut waren viele, die Bernadette zur Zeit der Erscheinung sahen, zutiefst bewegt und angerührt. Das hat nicht nur der ästhetisch geschulte und unsentimentale Bildhauer Fabisch bezeugt. Manche hingegen sahen Bernadettes Äußeres eher unter rein praktischem Gesichtspunkt. Die Aussicht auf satten Reibach mit Bildern des berühmten Mädchens lockte dereinst die Fotografen mit ihren hölzernen Plattenkameras an. Das hatte zur Folge, daß Bernadette Soubirous die erste Heilige ist, die zu ihren Lebzeiten fotografiert wurde. Schaut man in ihr Gesicht, wie es aus Abertausenden von Postkarten in Lourdes herausschaut, dann stellt sich beim Betrachter fast unwillkürlich ein eigentümlicher Blick ein. Es ist ein wohlwollender, ein milder Blick. Bernadette dünkt einem als zerbrechliches Wesen aus einer anderen Zeit, aus einer anderen Welt. Und manchmal scheint es, als wehe von dort ein leises Lächeln herüber.

Es ist das Lächeln eines Menschen, der im Innersten seiner Seele ein Kind ist. Bernadette brauchte nicht, wie der Jesus der Evangelien fordert, zu werden wie die Kinder, um in das Himmelreich einzugehen. Sie ist immer dieses Kind gewesen.

Der große katholische Theologe Karl Rahner hat versucht zu benennen, was Jesus mit dem Bild vom Kind gemeint haben könnte: nämlich, „daß wir wie die Kinder die sorglos Empfangenden gegenüber Gott sein können, diejenigen, die wissen, daß sie in sich nichts haben, auf das sie einen Anspruch gründen könnten, und dennoch vertrauen auf die schenkende Güte und Geborgenheit, die ihnen entgegenkommen".

Bernadette war indes nicht nur Kind im Sinne dieser theologischen Deutung, die, weil sie eben theologisch ist, ganz selbstverständlich den Gottesglauben voraussetzt. Sie war auch Kind in einem eher symbolhaften, in einem archetypischen Sinn. Die Tiefenpsychologin Ursula Bernauer spricht in diesen Zusammenhängen in Anlehnung an C.G. Jung von der „Haltung des inneren Kindes". Dieser Kindarchetyp, so schreibt Carl Gustav Jung, „personifiziert Lebensmächte jenseits des beschränkten Bewußtseinsumfanges, von denen das Bewußtsein in seiner Einseitigkeit nichts weiß, und eine Ganzheit, welche die Tiefen der Natur einschließt. Es stellt den stärksten und unvermeidlichen Drang des Wesens dar, nämlich den, sich selber zu verwirklichen. Es ist ein mit allen natürlichen Instinktkräften ausgerüstetes Nicht-anders-Können, während das Bewußtsein sich stets in einem vermeintlichen Anderskönnen verfängt."

Bernadette war ein Mensch, der durch seine Bestimmung nicht anders konnte. Ihre Bestimmung und auch die damaligen Lebensumstände ließen ihr keine Wahl. Später im Kloster wird sie sterbenskrank sagen: „Der liebe Gott hat gut daran getan, mich nicht vor die Wahl einer Lebensweise zu stellen. Ganz gewiß hätte ich nicht diese Untätigkeit gewählt. Ich hätte so gern einen Beruf ausgeübt!" Doch Bernadette war nicht nur die Bestimmte, sie war auch die sorglos Empfangende. Sie konnte empfangen, weil sie nichts haben wollte.

Daher ist ihr auch nicht die wohlgeformte, aber leblose Madonnenstatue aus der Lourder Pfarrkirche begegnet. Das Altarbildnis ist, wenn man so will, vom Sockel heruntergekommen und hat sich im Herzen des Mädchens eingegraben. Dort erst wird es „lebendig und von Licht umgeben". Als Damiselle in der Grotte wird sie zum Spiegelbild ihres Selbst. Und darin erblickt Bernadette nicht das tuberkulöse Kind aus dem Cachot, von dem man annahm, es sei außer zum Holzsammeln zu nichts zu gebrauchen. Aus diesem Spiegel blicken keine fremden Augen, die über Wert und Unwert befinden. Aus diesem Spiegel schaut kein vernichtender Blick. Darüber ist Bernadette selbst nicht wenig verwundert. Daß die Dame sie mit „Sie" ansprach, löste schließlich großes Erstaunen bei ihr aus. In diesem Spiegel entdeckt Bernadette ihren eigenen Wert und ihre Würde. Ihre Lichtgestalt ist die Unbefleckte Empfängnis. Und die hat sich in Bernadette inkarniert.

Nur, solche inneren Bilder wollten die Leute damals nicht sehen, und vielleicht konnten sie dies auch nicht. Vor eineinhalb Jahrhunderten verlangten sie nach einer richtigen weißen Dame, nach einer sichtbaren seligen Jungfrau. Deshalb liefen sie in Scharen zu Bernadette. Mysteriumssüchtige und Wundergierige, reiche Spiritualisten, fromme Betschwestern und arme Schlucker, sie alle gierten nach der sichtbaren Erfahrung der Dame. Und das schwerkranke Kind sollte vermitteln. Bernadette sollte Rosenkränze küssen, Kreuze berühren, unbekannten Menschen ihre Hand auflegen. Sie boten ihr Gold und Geld, von dem sie sagte: „Es brennt mich". Sie versprachen ein luxuriöses Leben in Paris, mit Fototerminen und Interviews, worauf sie entgegnete: „Oh nein, ich bleibe lieber arm."

Manche der Hoffenden und Sehnsüchtigen beglückte allein das Lächeln der Bernadette, andere wiederum waren unersättlich in ihrer Gier nach dem Mysterium des Hirtenmädchens. Diese Gier zielte auf ihre ureigensten, ihre allerintimsten Geheimnisse. Drei waren es. Drei Botschaften hatte die weiße Dame während ihrer achtzehn Erscheinungen ausdrücklich nur für Bernadette bestimmt. Sie galten allein ihr, waren nur für sie von Belang. Bernadette sollte niemandem davon erzählen. Doch manch Gottesvertreter trachtete danach, dem Pyrenäenmädchen diese Geheimnisse zu entreißen. Manche schreckten nicht davor zurück, die ganze Macht ihrer priesterlichen Autorität als Druckmittel einzusetzen. Abbé Sacareau in einem der ungezählten Verhöre:

„Du mußt mir Deine Geheimnisse sagen. Ich bin Pfarrer, ich habe ein Recht, sie zu erfahren, und ich werde sie hüten wie ein Beichtgeheimnis."

Bernadette: „Es handelt sich nicht um eine Sünde."

Sacareau: „Und wenn der Papst nach ihnen fragt?"

Bernadette: „Der Papst ist jemand, ich darf es niemandem sagen."

Sacareau: „Aber der Papst hat die ganze Macht Gottes."

Bernadette: „Der Papst ist mächtig auf Erden. Die Muttergottes aber ist im Himmel."

Die Leute versuchten wirklich alle Tricks, um vom Segen Bernadettes was abzukriegen. Sie heulten Rotz und Wasser, um sie anfassen zu dürfen, sie grapschten nach ihrem Rockzipfel, und manche ließen Taschentücher vor ihr fallen, damit das höfliche Mädchen die Tücher anfasse und aufhebe. Doch Bernadette war klug genug, zu wissen, daß sie für all diese Leute nichts tun konnte. Sie konnte nichts machen. „Wie dumm sie sind", sagte sie nur. Doch sie zogen weiter zur Grotte, getrieben von Schaulust, Neugier und viele gewiß auch aus hoffender Not. Nur sie sahen nichts. Sie stierten in die Felsenhöhle. Doch da gab es nichts zu gucken. Keine Lichtgestalt war in Sicht. Nur wenige ahnten den Grund. Einer von ihnen war der aufgeklärte Dr. Douzous. Er starrte nicht zur Grotte, sondern sah Bernadette Soubirous. Er spürte, innen sitzt es und nicht außen.

Das Problem ist alt, so alt wie das Christentum und womöglich sogar so alt wie der Mensch. Die meisten Leute wollen äußere Bilder, manche verzehren sich förmlich danach. Das war schon bei dem ungläubigen Thomas so. Er dachte ganz irdisch. Er wollte mit den Augen sehen. Er brauchte den handfesten Beweis, daß er als Apostel auch bloß nicht dem falschen Herrn gefolgt war. Er mußte unbedingt seine Hand in die Wunden des Auferstandenen legen. Dem Ungläubigen war es nicht möglich, so sind die meisten Menschen nun mal, die Realität der Auferstehung zu sehen. Vielleicht hat deshalb der Evangelist Johannes das Verlangen des Apostels Thomas nach äußeren Zeichen gestillt, und Christus nach seiner Auferstehung noch mal leiblich erscheinen lassen.

In Lourdes war das ganz ähnlich. Die Pilger wollten eine sichtbare Madonna in der Grotte, sie brauchten Zeichen und Wunder als Beweis für ihren Glauben. Die Leute wollten den blühenden Rosenstrauch. Den brauchte Bernadette nicht. Bernadette hatte intuitiv das Wissen, das Antoine de Saint-Exupéry achtzig Jahre später einem kleinen Prinzen von einem fernen Stern in den Mund legen sollte. „Die Menschen bei dir zu Hause züchten fünftausend Rosen in ein und demselben Garten, und sie finden dort nicht, was sie suchen... Und dabei kann man das, was sie suchen, in einer einzigen Rose oder in einem bißchen Wasser finden... Aber die Augen sind blind."

Das hat der gelehrte Herr Fabisch damals im Jahre 1864 nicht bedacht. Und alle anderen Bildhauer auch nicht, die weiße Madonnen aus dem Marmor gehauen haben. Die Urteile der Bernadette über all diese Statuen reichen von „am wenigsten schlecht" bis „am wenigsten häßlich". Die Seherin nennt auch den Grund: „Man kann in dieser Welt die heilige Jungfrau nicht darstellen."

Man hat aber. Am 4. April 1864 wurde in Lourdes das innere Auge der Bernadette durch das äußere ersetzt. An die Stelle des Aquerò, das der Seele eines Kindes ein Zuhause gab, ist das Bildnis aus Marmor getreten. An dem Tag, als Bischof Sévère die Marmormadonna der Grotte weiht, folgt Bernadette ihrer Bestimmung. Dafür muß sie ihr geliebtes Lourdes verlassen. Der Abschied aus der Heimat ist absolut notwenig. Das Abschiednehmen und damit die Entkopplung von der alten Heimat ist für Carl Gustav Jung eng mit dem archetypischen „Werden des Kindes" verknüpft. Denn als kollektives Innenbild der Seele ist das "Kind" zwar ein Symbol der Ganzheit, die das „durch Gegensätze zerrissene Bewußtsein an Vollständigkeit" überragt, doch diese Ganzheit ist eine „werdende Ganzheit". Der Archetyp „Kind" ist Symbol eines erst werdenden Bewußtseins. „Kind", so sagt Jung, „bedeutet etwas zur Selbständigkeit Erwachendes." Dieses Erwachen „kann nicht werden ohne die Loslösung vom Ursprung; die Verlassenheit ist daher notwendige Bedingung, nicht nur Begleiterscheinung."

Mit Entkoppelung von ihrem Ursprung beginnt der Leidensweg der Bernadette Soubirous, die erste Station ihres Kreuzweges. „Leiden", so gibt das Historisch-Philosophische Wörterbuch Auskunft, leitet sich ab vom althochdeutschen Wort „lidan", d.h. in die Fremde ziehen, Not durchstehen. Am 3. Juli 1866 verschenkt Bernadette die Fotografien, die ihr die Fotografen zugesteckt haben, weiter an ihre Freundinnen. Sie geht noch ein letztes Mal zur Grotte. Ein letztes Mal sitzt sie mit ihrer Familie am Abendtisch. Einen Tag später steigt sie in Tarbes in die Eisenbahn und verläßt Lourdes. Sie wird es nie wieder sehen. Drei Tage darauf wird sie die Schwelle zum Kloster Saint-Gildard überschreiten, um als Schwester Marie-Bernard unter Frauen zu leben, die sich die Barmherzigen Schwestern von Nevers nennen.

6. Kapitel

Die Verdrängung einer sehr bösen Geschichte, der Traum der Schwester Vauzou und der Gehorsam Marie-Bernards

Manchmal bergen ein paar Worte ein ganzes Leben. Dann verdichtet sich in einem einzigen Satz die ganze Existenz eines Menschen. „Der Rosenstrauch hat nicht geblüht", ist so ein Satz. Marie-Thérèse Vauzou äußert ihn, viele Jahre später, als Bernadette Soubirous schon längst nicht mehr unter den Lebenden weilt. Dieser Satz nagt am Glauben der Schwester Vauzou, liefert beständigen Anlaß zum Zweifel. Einen zweiten, wichtigen Satz im Leben der Marie-Thérèse Vauzou bringt Franz Werfel in seinem Roman „Das Lied der Bernadette" auf die knappe Formel: „Warum sie und nicht ich?" Schwer wie Blei lastet diese Frage auf der Ordensfrau von den Barmherzigen Schwestern. Immer wieder schiebt sie diese Frage wie einen düsteren Schatten zwischen sich und die junge Bernadette.

„Warum sie und nicht ich?" Diese Frage hat Schwester Vauzou im Innersten gequält. Daran hat sie ihr Lebtag gelitten. Warum bloß erscheint die heilige Jungfrau ausgerechnet so einem verhärmten, ungebildeten Bauernkind, anstatt eine der vielen tugendhaften und gebildeten Ordensfrauen zu erwählen? Das hat die Nonne Vauzou nicht verstehen wollen. Zu groß war die Kluft zwischen ihr, der gebildeten Tochter aus dem feinen Hause eines reputierten Generals und dem Kind aus dem Kellerloch.

Schwester Vauzous verzehrender Gram hatte Folgen. Er war keineswegs ihre bloß persönliche Sache, ihre reine Privatangelegenheit, mit der sie sich unter Selbstkasteiungen in ihrer stillen Klosterzelle abplagte. Vielmehr trug Schwester Vauzou hohe Verantwortung. Sie hatte Macht erhalten, Macht über andere Menschen. Als Novizenmeisterin der Barmherzigen Schwestern in Saint-Gildard oblag ihr das geistliche Wohl der ihr anvertrauten Novizinnen, darunter die schwerstkranke Frau aus Lourdes, die sich im Kloster Marie-Bernard nennen sollte. „Für mich wäre es das größte Glück meines Lebens", sagte Mutter Vauzou, noch bevor Bernadette in ihren Orden in Nevers eintrat, „die Augen zu sehen, die die Heilige Jungfrau geschaut haben." Dieser Wunsch sollte Marie-Thérèse Vauzou erfüllt werden. Doch wie menschliche Geschichten im Allgemeinen so spielen, enthüllen erfüllte Wünsche bisweilen auch ihre Schattenseite. Die Novizenmeisterin ahnte nicht, daß sie den Blick dieser Augen nur sehr schwer ertragen konnte.

Drei Wochen nach ihrer Ankunft in Nevers, am 29. Juli 1866, treten Bernadette und zweiundvierzig Mitbewerberinnen ihr Noviziat an, die einjährige Einführungs- und Probezeit vor dem endgültigen Ablegen der Ordensgelübde. Bernadette leidet an Heimweh, die Trennung von ihrer Familie schmerzt. Zudem quälen sie heftige asthmatische Erstickungsanfälle. Dennoch: Getreu ihren Briefen und den Zeugnissen von Zeitgenossen erlebt sie in Saint-Gildard immer wieder auch unbeschwerte Zeiten wie des Glücks. Die jedoch können nicht darüber hinwegtäuschen, daß in Nevers zwei grundverschiedene Geistes- und Glaubenshaltungen aufeinanderprallen.

„Eine Spannung", diagnostiziert René Laurentin, „zwischen der etablierten Macht der Novizenmeisterin und der charismatischen Ausstrahlung, die von der Person Bernadettes ausging." Das ist recht milde formuliert. Vielmehr tat sich unter den Barmherzigen Schwestern ein abgrundtiefer Konflikt auf, ein Kampf zwischen charismatischer Ohnmacht und unbeseelter Autorität.

Es ist schon eigenartig, daß die Schlüsselstellung der Novizenmeisterin Vauzou im Leben der Seherin in der ganzen Lourdes- und Bernadette-Literatur heruntergespielt oder schlichtweg verschwiegen wird. Bis auf wenige Ausnahmen. Die bildet – neben der Tiefenpsychologin Bernauer, die Bernadettes Leben in der Fremde als „eine Geschichte der Entfremdungen" diagnostiziert, – ein Mann, der schon in seiner Jugend ein lebensprägendes Gelöbnis ablegen sollte, nämlich „immer und überall durch meine Schriften zu verherrlichen das göttliche Geheimnis und die menschliche Heiligkeit". Dieser Mann schrieb „Das Lied der Bernadette", einen Roman, frei von diesem brav-biederen und frömmelnden Erbauungskitsch, dafür aber voller Leidenschaft und Sympathie. Wie kaum ein anderer hat sich der Schriftsteller Franz Werfel in das Leben der Bernadette Soubirous hineingedacht. Regelrecht hineingefühlt und hineingelebt hat er sich in die Existenz dieses Mädchens.

Franz Werfel war Jude. 1940 flüchtete er mit seiner Frau vor den barbarischen Nazis nach Frankreich, wurde aber von deutschen Grenzmilizen daran gehindert, über Spanien weiter nach Portugal zu entkommen. So verschlug es die Flüchtenden nach Lourdes, wo sie sich für mehrere Wochen vor den Schergen Hitlers versteckten. „Es war eine angstvolle Zeit", schreibt Werfel. „Es war aber zugleich auch eine hochbedeutende Zeit für mich, denn ich lernte kennen die wundersame Geschichte des Mädchens Bernadette Soubirous und die wundersamen Tatsachen der Heilungen von Lourdes. Eines Tages in meiner großen Bedrängnis legte ich ein Gelübde ab. Werde ich herausgeführt aus dieser verzweifelten Lage und darf die rettende Küste Amerikas erreichen – so gelobte ich –, dann will ich als erstes vor jeder andern Arbeit das Lied der Bernadette singen, so gut ich es kann."

Werfels Lied, gekleidet in einen Roman als zeitgemäße Form des epischen Gesangs, ist ein erfülltes Gelübde, eingelöst 1941 in Los Angeles. Der Roman ist keine frei erfundene Fiktion, sondern entstand aus der profunden Kenntnis und literarischen Bearbeitung aller zugänglichen Dokumente und Textquellen. Vor allem lebt dieser Roman aus Werfels wunderbarer Gabe, in den Schuhen und Spuren eines anderen gehen zu können. Die beste Voraussetzung, um zu verstehen. Mit diesem Verstehen begegnete Franz Werfel nicht nur der Lichtgestalt Bernadette, sondern auch dem gequälten Schattenwesen der Mutter Vauzou.

Als Bernadette bereits ein Jahrzehnt in Saint-Gildard lebt, wird sie, die ja nach Meinung ihrer Oberen zu nichts zu gebrauchen war als zum Kartoffelschälen und Beten, in der Krankenstation des Klosters eingesetzt. Selber von den Tumoren eines schleichenden Knochenfraßes aufgezehrt, pflegt sie die Siechen mit aufopfernder Hingabe und unsentimentaler Liebe nach all ihren Kräften. Durch ihre Herzenswärme gewinnt sie die tiefe Zuneigung der Kranken.

Über jene Zeit schreibt Werfel: „Auch Marie Thérèse Vauzou gibt alles her, was sie hat, und gibt noch mehr her und plagt sich, weit über die Grenzen ihrer Kraft. Sie opfert ihre Nächte. Sie verzichtet auf ihre Erholungsstunden. Sie wacht unerbittlich darüber, daß die Vorschriften der Ärzte streng erfüllt werden, daß die Patienten pünktlich und reichlich und wohlzubereitet ihre Kost erhalten. Stundenlang steht sie in der Küche und in den Wäschekammern und teilt aus und zählt und rechnet und rechnet immer wieder mit der ihr eigenen unersättlichen Skrupelhaftigkeit. Dann wiederum geht sie langsam durch die Säle von Bett zu Bett, mit ihren tiefliegenden und klaren Augen nach dem Rechten sehend. Doch keine einzige Stimme begehrt nach der Nonne Vauzou, obwohl sie hundertmal mehr ‚Wirkliches' leistet als Bernadette. Auch sie spricht zu den Verwundeten und Kranken die gütigsten Worte, schreibt Briefe für sie, verspricht den Ärmsten, für ihre Zukunft zu wirken. Und dennoch, wenn sie in der Tür erscheint, geht ein gelinder Schreck durch die Bettreihen, als käme ein hoher Offizier, um unter Straffälligen Musterung zu halten."

Zu dieser Zeit wird die Novizenmeisterin immer wieder von einem Alptraum heimgesucht. In einer eindrucksvollen Passage führt Werfel dem Leser jenes dunkle Traumbild vor Augen, das Schwester Vauzou in heftige Bestürzung versetzt. Aber seltsamerweise nicht über sich selbst, sondern über Bernadette. Werfel schreibt über Soeur Marie-Thérèse:

„Sie sieht die Grotte von Massabielle vor sich. Es ist aber nicht die Grotte, die sie kennt, sondern ein offener Schlund, der trotz der vielen brennenden Kerzen ins höllisch Unermessene führt. In der abgründigen Tiefe aber lauert das große Untier, der durch Hochmut gefallene Böse. An der Grotte rauscht nicht der Gave vorbei, sondern ein grauer Strom, mächtiger als die Loire. Nebel steigen auf. Im Uferwasser stehen Hunderte Gestalten mit schmutzigen Verbänden, an Stöcken und Krücken, Verstümmelte mit Holzbeinen. Alle starren sehnsüchtig in die Grotte. Dort sieht man Bernadette. Sie ist ein halbwüchsiges Kind, das mit anderen Kindern Auszählen spielt und einen Reigen aufführt, wobei sie in die Hände klatscht. Dann und wann lacht Bernadette so laut, ja so gellend auf, daß die Novizenmeisterin im Traum vor Scham errötet. Es scheint der Träumerin, als lache dieses spielende Kind die ganze Welt aus ..."

Marie-Thérèse Vauzou kann in diesem Traum keinen Schlüssel zu ihrem eigenen Seelenleben entdecken. Vielmehr versteht sie ihr Traumbild als Zeichen für die Berechtigung ihrer Zweifel. Allerdings nicht der Zweifel an sich selbst, sondern an der Aufrichtigkeit der Seherin. Der Traum ist ihr ein weiteres Indiz in der Kette ihres Argwohns gegen Bernadette. Schließlich hatte sie schon damals in Lourdes bei der Erscheinung in der Grotte ihre Skepsis angemeldet. Und auch in den Sehnsüchten der Grottenpilger konnte sie nichts anderes erblicken als einen Affront gegen die kirchliche Obrigkeit, eine Auflehnung gegen die öffentliche Ordnung, kurzum: einen Aufstand des dummen und gemeinen Pöbels, der hinter einem nichtsnutzigen Lumpenblag herrennt.

Werfel läßt Mutter Vauzou nach diesem Traum zu Schwester Marie-Bernard sagen: „Sie sagen nie die Unwahrheit, ma Soeur ... Und doch, über die große Wahrheit oder Unwahrheit Ihres Lebens bin ich mit mir zerfallen." Das ist jedoch ein Irrtum. Denn das Traumbild der Mutter Vauzou birgt keineswegs den Schlüssel zum Grottenerlebnis und zur Wahrheit oder Unwahrheit des Lebens der Bernadette. Er birgt nichts anderes als den Schlüssel zu ihrem eigenen Leben. Der Traum hat mit Bernadette gar nichts zu tun. Er ist das Bild der Wahrheit und Unwahrheit des Lebens von Schwester Vauzou. Es ist ihr und niemandes anderen Traum. Sie ist es, die in den Höllenschlund schaut. Doch entsetzt wendet sie den Blick ab und sucht den Ausweg aus ihrem Nachtmar bei ihrer Mitschwester. Nicht sie selbst, Bernadette soll sie aus ihrem ewigen Mißtrauen erlösen.

Schwester Marie-Bernard geriet in die Hände einer Frau, die weit davon entfernt war, mit sich und den Menschen ein versöhntes Leben zu führen. Mutter Vauzou fürchtete Gott, doch sie verstand die Menschen nicht. Ihr Glaube war eine Gratwanderung zwischen quälendem Selbstzweifel und Selbsthaß, verdeckt von einer rigiden Moral und einem unterwürfigen Credo an den Herrn Jesus und die Unbefleckte Empfängnis. Und wie so oft bei Menschen, die den Grund ihres Selbstzweifels allerorten suchen, nur nicht bei sich selbst, schlägt er um in Mißgunst, Mißtrauen und Eifersucht. Und die treffen den Anderen.

Es war ein verhängnisvoller Kreislauf, in dem sich die Ordensfrau in ihrer Karriere bis zur Generaloberin drehte. „Warum sie und nicht ich?" Das ist der Selbstzweifel, der sich in das Gewand des klammheimlichen Neides kleidet. Doch Neid darf nicht sein. Und schon gar nicht in einem gottgeweihten Leben. Marie-Thérèse wußte natürlich, daß die mittelalterliche Theologie den Neid als eine der sieben Todsünden wider das Leben verdammte. Deshalb kämpfte sie dagegen an, auf die vielleicht einzig ihr mögliche Weise. Mutter Vauzou kämpfte mit Buße und Kasteiungen gegen das Mißtrauen und die Mißgunst, die in ihr wühlten und die umschlugen in Gewissensbisse, Seelennöte und Schuld. Und die Schuld wiederum nährte nichts anderes als ihren Selbstzweifel.

Dieser Selbstzweifel ist dem Kindwesen ihres Traumes fremd. Es sitzt im Höllenschlund und lacht. Doch zu diesem, ihrem eigenen Kindwesen, zu ihrem eigenen Aquerò, findet Marie-Thérèse Vauzou keinen Zugang. Sie erkennt in dem Kind, das sie vor Scham erröten läßt, nicht ihr ureigenes Innenbild, sondern verwechselt das lachende Kind ihres Traumes mit der wirklichen Bernadette. Dadurch scheint ihr der Weg versperrt „zu werden wie die Kinder". Das Kind, von dem Karl Rahner spricht, das Kind als das sorglos Empfangende, ist Mutter Vauzou ganz fern. Die Meisterin der Novizen weiß womöglich gar nicht, was das ist, „zu vertrauen auf die schenkende Güte und Geborgenheit, die einem entgegenkommen". Sie läßt nichts entgegenkommen, denn sie gehört zu den Menschen, die glauben, sich das Himmelreich permanent selbstquälerisch verdienen zu müssen. Um sorglos zu empfangen, hätte sie sich vielleicht weniger mit asketischen Bußübungen selbst bestrafen, sondern von etwas ganz Anderem sich lösen müssen. Werfel hat geahnt, was dieses Andere ist. „Ihre Herkunft, ihr Blut, ihre Bildung, ihre Intelligenz, ihre Energie sind unüberwindliche Anfechtungen eines tief verborgenen Stolzes."

Diesen Stolz freilich, und das ist das Fatale an der Geschichte, lastet die Meisterin ihrer Schülerin Bernadette Soubirous an. „Ihre natürliche Seite ließ Eigenliebe erkennen", attestierte sie Bernadette, mit einem Gestus, als hafte demjenigen, der sich selbst liebt wie seinen Nächsten, das Makel der Pest an. Diese Eigenliebe mußte Mutter Vauzou zerstören. „Gott hat zugelassen, daß Schwester Joséphine Imbert und ich streng mit Schwester Marie-Bernard waren, um sie in der Demut zu bewahren", sagte sie zwei Monate vor ihrem eigenen Tod. Vielleicht wäre es angebrachter gewesen, bei so einer Äußerung Gott aus dem Spiel zu lassen. Denn der trägt wahrlich nicht Ursache an den unzähligen Demütigungen, Gehässigkeiten und Lieblosigkeiten, denen die Oberschwestern im Kloster der Barmherzigen ihre Mitschwester aussetzten.

Aber das wird in der gesamten frommen Bernadette-Literatur oft bis zur Verlogenheit unterschlagen. Selbst René Laurentin, der hoch geschätzte und gemeinhin umsichtige Biograph Bernadettes, schreibt etwas, was heute nur schwer erträglich ist: „In Klöstern, die weniger ausgeglichen als das von Nevers waren, wurden von den Novizenmeisterinnen wahrhafte Quälereien praktiziert, die uns heute noch entsetzen. In Saint Gildard gab es nichts Absurdes, nichts Abstoßendes, nichts Brutales, sondern die Haltung war darauf ausgerichtet, den Willen zu brechen, um zum Gehorsam zu erziehen." Welch ein Wort! Welch eine Verharmlosung! Was gibt es Abstoßenderes, als durch Lieblosigkeit und Kälte den Willen eines heranwachsenden Menschen zu brechen? Eines Menschen zudem, der wie Bernadette von einem so kindgläubigen Gehorsam war. Nur, ihre Art Gehorsam war nicht sonderlich geschätzt.

Bernadette war gehorsam gegenüber sich selbst und der Stimme ihrer weißen Dame. Dieser Gehorsam hat in der Geschichte des Christentums indes nur selten hohe Wertschätzung genossen. Der Gehorsam gegenüber der inneren Stimme führte im Mittelalter des öfteren auf den Scheiterhaufen. Daß sie ein paar Jahrhunderte früher wohl auch dort gelandet wäre, hat Mutter Vauzou ihre Anvertraute auch sehr deutlich wissen lassen. Doch gerade ihr innerer Gehorsam war es, durch den Bernadette den endlosen

Verhören standhielt, die Spöttereien ertrug und noch mehr die anbiedernden Schmeicheleien. Die Einschüchterungen der Polizei konnten ihr nichts anhaben, genausowenig wie die Drohung, sie ins Gefängnis zu stecken. Die steten Verhöre waren Bernadette gewiß unangenehm und lästig. Zutiefst gefürchtet hat sie weder Polizeikommissar Jacomet noch Abbé Peyramale.

Was die Psychiater samt Staatsanwalt Dutour und Konsorten nicht schafften, das bewerkstelligten die klösterlichen Vorgesetzten. Sie impften ihrer Mitschwester jenes Gefühl ein, das dem Kind an der Grotte unbekannt war: Furcht. Furcht hatte Bernadette einzig und allein vor der Novizenmeisterin Mutter Vauzou und der Oberin Mutter Joséphine. Für die Oberin galt Bernadette als „unnütze Person", die sie laut René Laurentin „demütigte und mit Kälte behandelte". „Mutter Joséphine, oh wie sehr ich sie fürchte!" sagte Bernadette.

Man muß sich das einmal vorstellen. Da darf die junge Novizin Marie-Bernard im drohenden Todeskampf kurz nach ihrem Eintritt ins Kloster vorzeitig ihre Profeß ablegen, und die Oberin sagt: „Wenn du wieder gesund wirst, nehme ich dir den Schleier wieder weg." Dieselbe Oberin antwortet dem Bischof von Nevers Forcade auf die Frage, welche Verwendung man für Schwester Marie-Bernard im Orden habe: „Monseigneur, sie taugt zu nichts." Daraufhin wendete sich Forcade an Bernadette: „Stimmt es, Schwester Marie-Bernard, daß Sie zu nichts taugen?" Antwort: „Es stimmt."

7. Kapitel

„Mein Gott, wenn ich mich getäuscht hätte.“

Unversehrt und unverletzt, fast wie Schneewittchen, liegt sie in ihrem gläsernen Sarg. Als habe ihr das Leben nie zugesetzt, als hätten ihre fünfunddreißig Lebensjahre sie nicht restlos verschlissen, ruht sie aufgebahrt in ihrem kostbaren Schrein in der Klosterkirche von Saint Gildard im französischen Nevers. Zu Beginn dieses Jahrhunderts wurde Bernadette mehrere Male exhumiert. Zum erstenmal 1908, gemäß den Vorschriften des bevorstehenden apostolischen Seligsprechungsprozesses. Ein weiteres Mal 1919, ein Jahr nach der Eröffnung der langjährigen Prozedur der Heiligsprechung. Stets, so wird berichtet, war der Leichnam zwar ein wenig mumifiziert, ansonsten jedoch unverwest. Er wurde nach einer dritten Exhumierung 1925, dem Jahr, als Marie-Bernard in Rom seliggesprochen wurde, mit einer Wachsschicht überzogen und in einem Sarkophag aus Bronze und Kristall ausgestellt. Dort ruht sie makellos. Keine Furche, keine Falte hat sich in ihr Gesicht eingegraben. Hinweggeglättet sind die Spuren ihres Lebens.

Doch Bernadette war, als sie mit ihrem gemarterten Leib die Kranken in Nevers pflegte, längst nicht mehr das anmutige Geschöpf, wie wir es von den Fotografien her kennen. Sie war nicht mehr das Kind, das mit stillem Selbstbewußtsein in sich hineinlächelt. „Ich werde gemahlen wie ein Getreidekorn“, sind ihre Worte auf dem Sterbebett. Das ist ihre Wahrheit. Die Jahre vor ihrem Tod am 16. April 1879 ist sie bis ins Mark vom Leid gezeichnet. Jedoch nicht allein infolge dessen, was man gemeinhin für die Prüfungen der Bernadette hält: die Trennung von ihrer Familie und ihre tückischen Krankheiten, ihre Tumore, ihre Blutstürze und Atemnöte. Ihr Leid war ein anderes. René Laurentin dürfte Recht haben, wenn er sagt: „Es machte Bernadette sehr zu schaffen, daß sie ihre menschlichen Fähigkeiten nicht verwirklichen konnte. Ebendies kann erklären helfen, warum sie so jung gestorben ist.“

Ein Dutzend Jahre hinter Klostermauern haben das arme und schwerkranke, aber lebensfrohe Kind der Soubirous in die todgeweihte, von schwersten Gewissensbissen und Schuldgefühlen gepeinigte Schwester Marie-Bernard verwandelt. Das Mädchen, das im Einklang schwang mit der weißen Dame ihres Selbst, das staunende, vertrauende Kind wurde zerstört in einer Atmosphäre geistiger und geistlicher Dumpfheit, normenstrenger Moral und verhärteter Herzen. In Nevers wurde nicht der Wille geschult, sondern gebrochen. Die Prüfungen des Glaubens der Marie-Bernard erwiesen sich als Ertragen einer Hölle, die Menschen anderen Menschen bereiten. Menschen zudem, die sich als Christen an der Spitze der Glaubenselite wähnten.

„In der damaligen Zeit traten sehr junge Mädchen ins Kloster ein, die noch in keiner Weise vom Leben geprägt waren“, schreibt Laurentin in seiner Bernadette-Biographie. „Man kultivierte bei ihnen eine kindliche Hingabe; und auf die Vorgesetzten als Vertreter Gottes projizierte man einen verklärenden Heiligenschein, der ihre bereits bedeutende Stellung als Zeichen und Vermittler des Willens Gottes noch anhob.“ Marie-Thérèse Vauzou war sich ihrer Stellung bewußt. Sie wähnte sich berufen als „geistliche Führerin“. Sie glaubte an ihre Aufgabe, „der Goldschmied von Bernadettes Seele" zu sein.

Doch dem war nicht so. Bernadette zerrieb es in Saint-Gildard zwischen den Mahlsteinen einer alten autoritären Glaubensmühle, deren Räderwerk sich drehte nach dem ewig gleichen Mechanismus von Schuld, Schuld und nochmals Schuld. Einer Schuld, die viel zu mächtig war. Noch soviel bitterer Reue und schmerzlicher Buße konnte niemals eine wirkliche Vergebung folgen. Übermächtig wurde Marie-Bernards Gefühl, schuldig zu sein. Schuldig vor der eigenen Mutter, schuldig vor den Mitschwestern und schuldig vor sich selbst und dem Herrn. Am letzten Abend vor ihrem Tod sagt sie zu ihrer vertrauten Freundin und Mitschwester Nathalie (eine Freundschaft im übrigen, die der Novizenmeisterin immer ein Dorn im Auge war): „Liebe Schwester, ich habe Angst. Ich habe soviel Gnade erhalten, und sie sowenig genutzt."

Am Ende steht eine gemarterte, sterbenssieche Frau von gerade einmal fünfunddreißig Jahren, die unablässig das Sakrament der Beichte sucht. Auf dem Sterbebett bereut Marie-Bernard unter Tränen, ihre Mutter vor zwanzig Jahren einmal lieblos ausgeschimpft zu haben, weil sie ihre Zwiebelsuppe nicht mehr riechen konnte. Am Ende ihres Lebens bittet sie zutiefst um Vergebung dafür, als Kind aus Zorn ein paar Blätter aus dem Katechismus gerissen zu haben.

Dergleichen Fehler und Sünden hat man Bernadette noch in diesem Jahrhundert angekreidet. Sie waren allen Ernstes ein Problem in Rom. Dort wurde Bernadette nach einem äußerst langatmigen, fast dreißig Jahre währenden Verfahren am 8. Dezember 1933, dem Festtag der Unbefleckten Empfängnis, in Sankt Peter heiliggesprochen. Der Prozeß lief nicht ohne Schwierigkeiten ab. Denn der bei solchen Verfahren obligatorische „Advocatus diaboli", ein Vertreter der Anklage, wenn man so will, bestritt vehement Bernadettes Heiligkeit.

Hochmut lastet man ihr an, entdeckt mit detektivischem Spürsinn charakterliche Neigungen zu Sturheit und Stolz. Auch Anwandlungen von Empfindsamkeit und Eitelkeit. „Empfindsam gegenüber kleinen Ungerechtigkeiten, ist sie schnell dabei, die anderen gegen jeglichen Autoritätsmißbrauch zu verteidigen", schreibt Laurentin. „Darin sieht man eine Schwäche." Da wird aus der Tugend des Gerechtigkeitssinnes der Vorwurf des Ungehorsams. Und dann war da auch noch die Sache mit den Erdbeeren im Jahr 1861, eine ziemlich schlimme Angelegenheit, wie Glaubensvertreter in Rom meinten. Der „Anwalt des Teufels" schloß daraus auf Bernadettes Maliosität, ihre Veranlagung, Böses zu wollen.

Bernadette war siebzehn, lebte im Hospiz von Lourdes, als zu sommerlicher Jahreszeit im Gemüsegarten die herrlichsten Erdbeeren reiften. Bernadette stand am Fenster, angelockt von der süßen Verführung, doch leider war es verboten, den Garten zu betreten. Da soll nun Bernadette zu einem zehnjährigen Mädchen gesagt haben: „Ich werfe meinen Holzschuh aus dem Fenster. Du gehst ihn holen und pflückst ein paar Erdbeeren." Trotz der „Schwere des Falles", die in Rom ausdrücklich hervorgehoben wird, spricht man Bernadette heilig.

Das muß man wirklich gedanklich einmal nachvollziehen. Da zählen erwachsene Männer in Rom noch in diesem Jahrhundert wie Erbsen Bernadettes Widerworte gegen eine lebensfeindliche und mißtrauische Novizenmeisterin und sehen dem Pyrenäenmädchen in Milde nach, daß sie in ihrer Kindheit ihre Freundin angestiftet hat, ein paar Erdbeeren zu klauen. Und in einem Bernadette-Buch unserer Tage ist in aller Ernsthaftigkeit geschrieben, daß es sich „zum Glück für Bernadette" nur um eine Jugendsünde gehandelt habe, „die sie später wiedergutmacht". Da darf man sich freilich nicht wundern, wenn die Menschen mit all ihren drängenden Fragen am Ende des 20. Jahrhunderts mit den Heiligen der Kirche nichts Rechtes mehr anzufangen wissen. Mit solchen Geschichten kann man beim besten Willen nicht den Sinn eines heiligen Lebens nahebringen.

Nun glaubte die schuldverstrickte Bernadette aber auch von sich selbst, einen besonders schwerwiegenden Fehler zu haben. Vier Jahre vor ihrem Tod schrieb sie an ihre Kusine Jeanne Védère, die sich nach anfänglichem Widerstreben schließlich für das Leben in einem Orden entschieden hatte: „Es scheint mir, Sie streben jetzt ganz hin zum Kreuz und zu den Leiden, um Unserem Herrn Ihre Liebe und Anerkennung zu beweisen." So etwas von sich selbst zu sagen, scheute sich Marie-Bernard. Im Gegenteil. Andauernd warf sie sich vor, „die Schmerzen nicht genügend zu lieben". Ständig quälte sie sich mit dem Selbstvorwurf, sich im Gegensatz zu ihrem Namenspatron, dem Heiligen Bernard, vor dem Leiden zu drücken. „Wahrscheinlich", vermutet René Laurentin, „hatte das Schuldgefühl eine zu starke Wirkung auf sie. Man gewinnt den Eindruck, daß sie durch ein Übermaß an damaliger Schmerzensmystik von allzu großem Schuldgefühl geplagt wurde."

Gegen diese Gnadenlosigkeit der immerwährenden Schuldigkeit steht das Werk eines Philosophen, der, welch ein Zufall, 1844, im selben Jahr wie Bernadette Soubirous, geboren wurde, und den man jetzt erst, fast hundert Jahre nach seinem Tod, anfängt zu verstehen. Erst allmählich zeitigt Friedrich Nietzsche seine mächtige Wirkung. In seinen Schriften aus dem Nachlaß, die er im übrigen nur wenige Jahre nach Bernadettes Tod verfaßte, philosophiert er gegen den „Gewissensbiß als Mittel, die seelische Harmonie zu zerstören". Es ist höchst spannend, daß Nietzsche genau jene Vorwürfe, jene Fehler, die man Bernadette angelastet hat, auf die Ankläger zurückwirft. Für ihn bedienen sich diese Vorwürfe folgender Mittel: „Verdächtigungen der Schönheit, des Stolzes, der Freude", verbunden mit dem Satz: „Es gibt kein Verdienst." Nietzsche sieht in diesen Vedächtigungen nichts anderes als einen „Aufstand der häßlichen, mißratenen Seelen".

Das ist natürlich starker Tobak des wohl radikalsten und genialsten Kritikers des Christentums. Radikal deshalb, weil Nietzsches Kritik nicht einem bloßen Ressentiment, einem billigen Atheismus oder einer intellektuellen Abneigung entspringt, sondern wirklich an die Wurzeln dessen geht, was man für den Sinn und Zweck der christlichen Existenz hielt. Deshalb trauen sich die meisten Theologen an ihn auch nicht recht heran. Eine große Ausnahme macht da der Pauliner Jacob Tauler. Kurz vor seinem Tod im Jahr 1987 hielt er sterbenskrank noch einige bemerkenswerte Vorlesungen. Darin sagt der ungemein kluge und weise Theologe über Friedrich Nietzsche:

„Was er am Christentum entsetzlich findet, und das ist ein sehr humanes Anliegen, ist die Grausamkeit des Gewissensbisses ... Und sein zweiter Vorwurf: daß das Christentum das Opfer hypostasiert und nicht abschafft, sondern es perpetuiert. Da soll einer kommen und wirklich einmal theologisch dagegen etwas sagen! Es ist bei Nietzsche ein tief humaner Impuls gegen die Verstrickung von Schuld und Versöhnung ... Dieser immer wieder sich perpetuierende Kreislauf von Schuld, Opfer und Versöhnung soll durchbrochen werden, um endlich eine Unschuld des Werdens herzustellen."

Diese Unschuld des Werdens, sie blitzte im Leben der Bernadette auf, zu jener Zeit in Lourdes, als sie noch die sorglos Empfangende war, die ebenso sorglos und unbefangen das Empfangene weitergeben konnte. Im Anschluß an eine Predigt, der sie offenkundig mit großer Freude gelauscht hat, teilt sie einer Mitschwester mit: „Der Pfarrer hat gesagt, daß, wer keine Sünde begehen will, auch wirklich keine Sünde begeht. Ich habe niemals eine Sünde begehen wollen! Also habe ich auch keine begangen." Bernadettes kindliche Unschuld des Werdens starb einen schleichenden Tod. Die Unschuld ihres Werdens unterlag im Kampf gegen die vermeintliche Schuld ihres Seins.

Es scheint, als tue sich die Bernadette-Literatur schwer, hinter das verklärte Antlitz der Heiligen zu schauen und durch die Wachsmaske hindurch zu sehen, welch dunkle Glaubensmächte und welch Herzenskälte den jungen Menschen zerstört haben. Die Argumente zur Erklärung sind kaum begreiflich. Das war eben damals die Zeit, wird abgewiegelt. Das muß man historisch sehen. Alles halb so wild. In anderen Klöstern war es noch schlimmer. Oder als beliebtestes und perfidestes Argument: Das waren eben die Prüfungen, die Bernadette durchzustehen hatte. Da erhält die letzte Bösartigkeit von Mitchristen die höhere Weihe, das alles schon ganz richtig war auf Bernadettes Weg zur Heiligkeit.

Verdrängt wird: Bernadette hat sich mit der Erfahrung ihres Aquerò nicht in dieser Welt inkarnieren dürfen. Am Ende ihres Lebens hat sie sich immer weiter von ihrem Bild der weißen Frau entfernt. „Sie lebte nicht mehr von Erleuchtungen und Anziehendem", so Biograf Laurentin, „sondern vom Festhalten am Wort des verborgenen Gottes, des schweigenden Gottes, der von lärmenden Zweifeln und inneren Versuchungen bestritten wird." Über diese Zweifel hinweg rettet sich Bernadette in den Gehorsam, einen Gehorsam gegenüber der Mutter Kirche, dem Papst und seinen dogmatischen Lehren.

Vom Dezember 1876 ist ein Brief datiert, eigenhändig von Marie-Bernard geschrieben, in einem Jahr, in dem sie vor Schmerzen kaum ihr Bett verlassen hat. Der Adressat ist Papst Pius IX. in Rom. Das Schreiben schließt wie folgt:

„Vom Himmel her muß die allerheiligste Jungfrau ihren Blick oft auf Sie richten, allerheiligster Vater, da Sie sie zur Unbefleckten erklärt haben und vier Jahre später diese gute Mutter auf die Erde kam, um zu sagen: ‚Ich bin die Unbefleckte'. Ich wußte nicht, was das zu bedeuten hatte. Ich hatte dieses Wort nicht mehr gehört. Seitdem sage ich mir, wenn ich darüber nachdenke: ‚Die heilige Jungfrau ist gut, man könnte meinen, daß sie gekommen ist, das Wort unseres Heiligen Vaters zu bestätigen.' ... Ich hoffe, daß ... diese *Gute Mutter* ... sich noch einmal herabneigen wird, ihren Fuß auf den Kopf der *verfluchten* Schlange zu setzen und somit den *grausamen* Prüfungen der Heiligen Kirche und den Schmerzen ihres *erlauchten* und *vielgeliebten* Papstes ein Ende zu bereiten."

Dieser Brief ist nicht echt. Zwar hat Bernadette auf Drängen ihres damaligen Bischofs Monseigneur de Ladone einen Brief an den Pius IX. gerichtet, doch dieses Schreiben hat mit obigen Worten so gut wie nichts zu tun. Die letzten Sätze stammen allein aus der Feder der Oberin. Bernadettes eigene Gedanken landeten im Papierkorb. Ihr ursprünglicher Text ist bis zur Unkenntlichkeit von ihren Vorgesetzten manipuliert, gefälscht und überarbeitet. Mehrfach muß Bernadette den unter ihrem Namen verfaßten Brief in Schönschrift übertragen. Sie verschreibt sich, streicht durch, vergißt Satzteile. Das Schriftstück, das Pius IX. in Händen halten wird, ist nicht der Brief der Bernadette. Er ist ein Produkt des Gehorsams von Schwester Marie-Bernard. Die Zeilen, die der Papst lesen wird, sind das glaubens- und kirchenkonforme Credo autoritätshöriger Ordensoberinnen, in Schönschrift abgeschrieben von einem folgsamen Kind.

Als Marie-Bernard endlich gelernt hat, zu tun, zu sagen und zu schreiben, was ihre Oberinnen verlangen, braucht man sie in Lourdes nicht mehr. Längst kommen die Menschen in Prozessionen. Die Krypta ist eingeweiht, die Basilika errichtet. An der Grotte, wo so viele kranke Menschen Trost finden, ist für Bernadette selbst kein Platz mehr. Doch was zählt das noch? Das „unnütze Kind" hat den Glaubenssatz von der Unbefleckten Empfängnis bestätigt. „Sehen Sie", sagte Marie-Bernard, „meine Geschichte ist ganz einfach. Die Jungfrau hat sich meiner bedient, dann hat man mich in die Ecke gestellt. Das ist mein Platz. Dort bin ich glücklich und dort bleibe ich."

Für das Glück, in der Ecke zu stehen, hat Marie-Bernard einen hohen Preis bezahlt. Einen Preis, den das Vergessen fordert. Am Anfang steht ein junger unbeschwerter Mensch an der Grotte von Massabielle, am Ende eine Sterbenskranke, die sich nicht mehr erinnern kann. Am 1. September 1877, eineinhalb Jahre vor ihrem Tod, vertraute sie Monseigneur Bourret, dem Bischof von Rodez, über die Erscheinungen in ihrer Jugend an: „Das ist schon weit weg ... sehr weit ... all diese Dinge. Ich erinnere mich nicht mehr. Ich spreche nicht gern davon, denn, mein Gott, wenn ich mich getäuscht hätte."

„Wenn ich mich getäuscht hätte..." Das ist die Frucht der klösterlichen Erziehung. Dieser Satz ist die aufgegangene Saat des Selbstzweifels der Marie-Thérèse Vauzou. Denn Mutter Vauzou hat niemandem vertraut. Weder dem Mädchen Bernadette noch dem lachenden Kindwesen in ihren eigenen Träumen. Als am Nachmittag des 16. April 1879 um 15.15 Uhr das Martyrium der Bernadette Soubirous endet, als sie stirbt, versehen mit den Gnadenmitteln der Kirche, hat die Erziehung zur Demut ihr Ziel erreicht. Da stirbt nicht der klare und aufrechte Mensch, dem die Unbefleckte Empfängnis erschien. Da stirbt eine gehorsame Ordensfrau, eine Frau mit zerstörtem Willen, folgsam nicht dem Anruf der inneren Stimme, sondern gottergeben aus der allerletzten Anstrengung einer tapferen Gläubigkeit.

Die Müdigkeit des kranken Kindes

Der Blick über den Gave

Die Erwartung des Segens

Die geschenkten Blicke

Das nächtliche Lichtermeer

Die Kranken und die Gesunden

An einem verregneten Maiabend

In der Halle des Hotels Sandrina

Pour les miracles

Das Mädchen an der Grotte

Die Freundlichkeit des Alters

Die Freude des Günther H.

Die Ritter vom Heiligen Grabe

Die Pilgerin aus Bayern

Die Dame des Ritterordens

Die Schwestern der Demut

Die kleinen Gesten

Unterwegs zur Prozession

Pilger auf dem Kreuzweg

Erste Kreuzwegstation: Jesus wird zum Tode verurteilt

Zwölfte Station: Jesus stirbt am Kreuz

Abend in der Avenue Bernadette Soubirous

Die letzten im Café

Das Ende eines langen Pilgertages

Nachts im Café Jeanne d'Arc

In der Rue Sainte Marie

Nach der Prozession

Das Mädchen und das Licht für die Jungfrau

Der nächtliche Gruß an Maria

Die Lichter der Hoffnung

Das Geheimnis der Opferkerze

Das Ende der Lichterprozession

Das Lied der Bernadette

8. Kapitel

Das dreiundfünfzigste Wunder von Lourdes und der Mann, der Bilder mit den Füßen malt

Frau Thea Angele heißt heute Schwester Maria Mercedes. Sie lebt als Ordensfrau in einem kleinen Pyrenäendorf in der Nähe von Lourdes. Manchmal bekommt sie Besuch. Meistens sind es Pilger aus dem Süddeutschen, die die Lebensgeschichte der betagten Frau hören wollen. Wer bei ihr zu Gast war, erzählt diese Geschichte weiter. Man kann sie oft hören, abends wenn die Pilger nach der Lichterprozession noch im Gespräch auf ein Bier beieinandersitzen. Jemand hat sogar die Lebensdaten der Thea Angele auf ein Blatt Papier geschrieben. Dieses Papier trägt das Imprimatur der Grottenverwaltung von Lourdes. Es wird an Pilger verteilt, die sich für die unerklärlichen Heilungen in der Marienstadt interessieren.

Die am 24. September 1921 im bayerischen Oberlangensee geborene Frau muß in früheren Jahren schwer erkrankt gewesen sein. Die nüchternen Daten aus dem Lebensbericht lesen sich wie ein unheilvolles medizinisches Gutachten. Demnach hat sich Fräulein Thea zwischen dem siebzehnten und einundzwanzigsten Lebensjahr mehrfach schweren chirurgischen Eingriffen unterziehen müssen: „Schilddrüsenoperation und Appendektomie mit Perforation." Doch statt der erhofften Besserung nach verschiedenen Klinikaufenthalten verschlimmerte sich das Krankheitsbild. Im Jahr 1944 wird auch das zentrale Nervensystem der damals Dreiundzwanzigjährigen in Mitleidenschaft gezogen. „Ausfälle im motorischen, sensiblen und sensorischen Bereich in Verbindung mit Koordinationsstörungen behindern ihre normale Lebensaktivität." Die anfängliche Diagnose „Multiple Sklerose" wird im Jahr des Kriegsendes 1945 in einer Tübinger Klinik bestätigt. Fünf Jahre später hat sich der Krankheitsverlauf dramatisch verschlechtert. Zu diesem Zeitpunkt, so kann man lesen, ist Thea Angele „eine sterbende, halb-bewußtlose, seit langem apathische Frau".

„Um ihrem schon langgehegten Wunsch zu entsprechen, entschließt man sich jetzt, als letzte Hilfe, sie nach Lourdes zu bringen, trotz des Einspruchs ihrer Ärzte: alle vier Gliedmaßen spastisch gelähmt, Zeichen von Schäden an Kleinhirn und Rückenmark, unaufhörliche Schmerzen, bedingt durch Muskelkontraktionen, Harnretention nach vorausgegangener Inkontinenz ... dies war jetzt ihr Zustand."

Am 17. Mai 1950 erreicht Thea Angele Lourdes.

Drei Tage später, so steht auf dem Informationspapier, gewinnt sie im Anschluß an einige Bäder in wenigen Stunden alle Fähigkeiten zurück, die sie verloren hatte: „die Sprache, die Muskelkraft, Gehvermögen und Appetit". Ihre Genesung schreitet voran und ist von Dauer.

Zehn Jahre später erkennt das unabhängige internationale Ärztekomitee von Lourdes die außergewöhnliche Heilung der Thea Angele an. Ihre Genesung war nach medizinischen Maßstäben nicht zu erklären. Am 28. Juni 1961 wird der wunderbare Charakter der Heilung durch Monseigneur Théas, den Bischof von Tarbes und Lourdes, kirchenamtlich anerkannt. Es ist das dreiundfünfzigste offizielle Wunder von Lourdes, beglaubigt durch Zertifikate, Atteste und Gutachten.

Ohne Frage, in Lourdes haben sich Heilungen vollzogen, die schlichtweg das menschliche Erklärungsvermögen überschreiten. Wie indes diese Heilungen zu bewerten sind, da ist gerade die katholische Kirche sehr zurückhaltend und mehr als vorsichtig. Ja, sie ist sogar äußerst mißtrauisch mit der Anerkennung plötzlicher und unvorhersehbarer Genesungen. Dahinter steckt auch die Erfahrung des gebrannten Kindes. Man hat schlechte Erfahrungen gesammelt, mit Wundern, die keine waren. Zu oft proklamierten die Gläubigen euphorisch das Wirken der Unbefleckten, wo sich bei genauer Prüfung der Krankenfälle plausible medizinische Erklärungen fanden. Das fing schon an, als Bernadette noch zur Grotte ging. Da konnte ihre Altersgefährtin Eugénie Troy aus Barèges mit einem Male wieder sehen. Wie ein Lauffeuer verbreitete sich die Nachricht von der wunderbaren Rückkehr ihres Augenlichts. Die Leute jubelten vor Begeisterung. Abbé Peyramale schickte sofort ein Protokoll der Heilungsgeschichte an seinen Bischof. Bei einer Überprüfung dann stellte sich heraus, das Mädchen war nie blind gewesen.

Seit 1858 sind nur etwa fünfundsechzig Wunderheiligungen von der katholischen Kirche anerkannt. Hinzu kommen jedes Jahr eine ganze Reihe unvorhersehbarer Gesundungen, die jedoch nie untersucht werden oder nach eingehender Prüfung als medizinisch oder psychologisch erklärbar gelten. Bei den Millionen von Kranken an der Grotte sind das jedoch viel weniger Heilungen, als gemeinhin angenommen wird.

„Wunder" heißt nach dem theologischen Wörterbuch „ein im Gesichtskreis unserer menschlichen Erfahrung antreffbares Ereignis, das nicht aus den Eigengesetzlichkeiten dieses Erfahrungsraumes erklärt werden kann". Es entspringt nach dogmatischer Lehre keineswegs „irgendeiner ungesetzmäßigen, willkürlichen Demonstration der Allmacht Gottes, sondern es steht in einem universalen heilsgeschichtlichen Zusammenhang". Der Ausgangspunkt für die Erkennung und Anerkennung eines Wunders in Lourdes ist freilich erst einmal nicht die freie Selbstmitteilung Gottes in der Heilsgeschichte, sondern die schlichte Aussage: „Medizinisch nicht erklärbar."

Nun könnte man diesen Erklärungsnotstand der Ärzte auf den Mangel an Wissen über den Menschen zurückführen. Unter der Annahme, daß die Wissenschaft grundsätzlich irgendwann einmal in der Lage ist, Phänomene, die ihr heute unbegreiflich sind, morgen vielleicht zu verstehen. Kurt Tucholsky etwa denkt in diese Richtung. Er karikiert in seinem Pyrenäenbuch jene Ärzte, die immer dann, wenn sie mit ihrem Latein am Ende sind, von Wundern reden. Sie tun dies, so meinte Tucholsky in den zwanziger Jahren, weil sie „zu grobfingrig" sind, um die feinen Gewebe von Leib und Psyche aufzudröseln. Weil sie in ihren Untersuchungen strikt materialistisch denken, ahnen sie nicht, daß aus den leibseelischen Verflechtungen durchaus Heilungen hervorgehen können, die mit dem verengten intellektuellen Blickwinkel des Mediziners nicht zu erfassen sind. Deshalb, spöttelte Tucholsky, „transponieren sie Kräfte, die sie nicht kennen, nach außen, und die Mutter Maria steht in aller Pracht vor ihnen".

Das ist natürlich die Ansicht eines Kritikers, dem der christliche Wunderglaube mehr als verdächtig ist. Tucholsky ist ganz und gar nicht gewillt, aus menschlich Unerklärlichem und Unbegreiflichem gleich auf eine göttliche Offenbarung zu schließen. Alles für den Verstand Unbegreifliche gilt ihm keineswegs als Beweis der Wirkmacht Gottes. Ob er damit das Wesen von Lourdes erfaßt, steht freilich auf einem anderen Blatt. Jedenfalls steckt in Tucholskys aufklärerischem Geist ein berechtigtes Anliegen. Tucholskys Weigerung, eine allmächtige Mutter Gottes zu entthronen, um damit die Grenzen der menschlichen Erkenntnis und menschlichen Möglichkeiten auszudehnen, ist ja ein humanes Anliegen im Zeitalter der Moderne. Vielleicht ist dieses Anliegen sogar humaner und intellektuell redlicher als ein Glaube, der das Wunder als bestätigenden Beweis seiner selbst braucht.

„Geben Sie mir ein Zeichen, daß ich Ihnen glauben kann", sagt Schwester Vauzou zu Bernadette. „Sag der weißen Dame, sie soll die Rosen erblühen lassen", fordert Pfarrer Peyramale. Der Glaube, der den Beweis braucht, ist sich im Grunde seiner selbst nicht sicher. Er ist längst vom Zweifel infiziert. In diesem verunsicherten Glauben weht, so paradox das ist, der Geist des vom Katholizismus so bekämpften Materialismus.

Nun wird zum Beweis eines Wunders in Lourdes ausgerechnet der Materialismus herangezogen, der von metaphysischen Mächten oder von einer göttlichen Wirkmacht in der Welt gar nichts wissen will. Erst wenn rein wissenschaftliche Erkenntniskräfte gewissermaßen an die Grenzen ihrer Erkenntnisfähigkeit stoßen („Medizinisch nicht erklärbar"), dann kann auf die Wirkmacht Gottes geschlossen werden.

Die Kirche steckt da in der Tat in einer schwierigen Position. Was soll sie tun? Will sie womöglich einem wildwuchernden Aberglauben, einer Inflation von Wundern und damit der eigenen Unglaubwürdigkeit nicht Tür und Tor öffnen, muß sie auf genauester medizinischer Prüfung der Heilungen durch unabhängige Wissenschaftler bestehen. Damit freilich fördert sie, ohne daß dies ihre Absicht wäre, ein nicht unproblematisches Denken. Es ist ein Denken, das eine Trennung und Spaltung vollzieht.

Auf der einen Seite stehen die prinzipiell begreiflichen Gesetze der Materie und die Erkenntnisse der Wissenschaft, auf der anderen Seite die unergründlichen Gesetze des göttlichen Heilsplans und die Wahrheiten des Glaubens. Gott und Welt sind getrennt. Gott liegt außerhalb der Gesetze dieser Welt. Er greift zwar bisweilen wundertätig ein, doch prinzipiell eben ist sein Reich nicht von dieser Welt. Gott wirkt jenseits der Grenzen der Wissenschaften. Folgt ein Ereignis den durchschaubaren Gesetzen der Welt, etwa die Heilung nach einer psychosomatisch bedingten Erkrankung, dann hat kein Wunder stattgefunden. Folgt diese Heilung einem unergründlichen Plan, könnte ein Wunder vorliegen. Ein Wunder ist demnach, was oben reinkommt in die Mühlen der Wissenschaft, was durch die Mangel der analytischen Untersuchungsmethoden gedreht wird und dennoch heil unten wieder herauskommt.

Das Wunder von Lourdes jedoch ist von anderer Art. Es erschließt sich nicht über spektakuläre Heilungen, die ab und an die Mediziner vor Rätsel stellen. Da kann man hundertmal die wundersame Geschichte der Thea Angele lesen. Da kann man tausendmal auf die unbestechliche Beweiskraft der Ärztekomitees pochen. Über das Wunder von Lourdes wird weder auf den Kongressen der Ärztegremien noch in den Amtsstuben bischöflicher Kommissionen entschieden.

Das Wunder von Lourdes ist verknüpft mit der Geschichte derer, denen überhaupt nichts Spektakuläres widerfährt. Da geschieht auf den ersten Blick ja nichts Weltbewegendes, wenn Menschen in den blauen dreirädrigen Handkarren morgens zur Grotte von Massabielle und nachmittags zur Krankensegnung auf den Platz vor der Basilika geschoben werden. So wie der gelähmte Sergio aus dem süditalienischen Torre d'Annunziata. Ganz stolz sitzt er in seinem Rollstuhl und trägt ein T-Shirt vom Fußballklub SSC Neapel. Er wird auch nach seinem Besuch in Lourdes nicht mit Spielkameraden auf dem Fußballplatz herumtoben können. Oder die fünfzehnjährige Anna. Nur hinkend und unter großen Schmerzen kann sich das Mädchen ein paar Schritte vorwärts bewegen. Wenn sie nach einer Woche Wallfahrt mit ihren Eltern nach Spanien zurückkehrt, werden die Leute wieder genauso verstohlen zur Seite schauen, wie sie es immer tun. Das Wunder von Lourdes ist verknüpft mit der Geschichte der Alten, die längst nicht mehr fähig sind, die einfachsten und alltäglichsten Handgriffe aus eigener Kraft zu erledigen, und mit der Geschichte der Kinder, die nur davon träumen können, das Leben der gesunden Alterskameraden teilen zu können. Wie all die anderen Kranken, die in den blauen Wagen durch die Straßen von Lourdes gezogen werden, kommen sie krank in die Madonnenstadt und kehren krank nach Hause zurück. Und dennoch ist jeder von ihnen ein kleines Stückchen gesund geworden. Und sei es auch nur für die paar Tage an der Grotte von Massabielle.

Günther Holzapfel ist schon zum fünfzehnten Mal in Lourdes. Jedes Jahr kommt er mit einer Pilgergruppe vom Bayerischen Pilgerbüro aus München hierher. „Eine normale Wallfahrt, nein, nein, nein“, sagt er mit all seiner Entschlossenheit, die würde er nie mitmachen. Niemals. „Nur Krankenwallfahrt.“ Es braucht eine Zeit, um die Sprache des dreiundfünfzigjährigen Mannes zu verstehen. Ganz gedehnt, ganz langgezogen und mit großer Anstrengung kommen ihm seine Worte über die Lippen, wie er auf seinem Stahlrohrbett in einem Krankenzimmer liegt. Doch hier, zwischen den vielen Leidensgefährten im Asyl Notre Dame, preßt er die schlichten Worte heraus: „Ich bin so glücklich.“ Mit viel Mühe sagt er das und mit noch viel mehr Freude. Seine Augen strahlen. Sein Gesicht leuchtet.

Günther ist spastisch gelähmt. Seine Bewegungen sind fahrig. Nur mühsam kann er seine Arme und verkümmerten Hände kontrollieren. Ein Mitarbeiter vom Malteser Hilfsdienst füttert ihn. Die beiden verstehen sich gut. Sie lachen viel miteinander. Irgendwann kramt Günther ganz umständlich eine Mappe mit Klarsichthüllen aus seiner Nachtkonsole. Langsam blättert er darin und zeigt voller Stolz seine Bilder. Denn Günther Holzapfel ist Maler. Er malt seine Bilder mit den Füßen. Dazu klemmt er seine Malpinsel zwischen die Zehen.

Es sind wunderschöne Bilder. „War in Japan“, sagt er und erklärt, ein wenig verwundert über sich selbst, daß seine Gemälde schon einmal weit weg von seinem bayerischen Heimatdorf im fernen Asien in einer Ausstellung gezeigt wurden. Manche seiner Bilder zeigen Landschaften. Es sind idyllische Landstriche mit klaren Bachläufen, blühenden Bäumen und heimeligen Bauernhäusern. Andere, eher symbolische Bilder, wiederum leben von ihren Farben und Formen. Sie heißen „Freundschaft“, „Liebe“ oder „Glück“. „Und Schmerz“, sagt Günther. Schmerz ist immer mit dabei. Schmerz, Trauer und Wärme und ein unendliches Maß an Sehnsucht, die ganze Welt möge heil sein.

In zwei Tagen wird Günther Holzapfel mit seiner Pilgergruppe auf dem Heimweg sein. Über Nevers, zu Bernadettes letzter Ruhestatt, führt der Weg mit dem Zug zurück nach München. Manche werden unterwegs weinen. Auch der Maler will nur ungern zurück. „Es ist so schön hier.“ Zum Abschied fingert er ein kleines Postkartenbild hervor. „Sommer am Bach“ steht unter dem Motiv, „Öl, fußgemalt von G. Holzapfel“. Sodann steckt er sich einen Filzschreiber zwischen die Zehen seines rechten Fußes und schreibt ganz langsam mit dicken Lettern ein Wort auf die Rückseite. Dann verschenkt Günther lachend aus seinem Krankenbett das Bild mit dem einfachen Wort „Grze“. „Grüße“, sagt er. „Grüße an alle!“

9. **Kapitel**

Die Kranken und die Gesunden, die Ansichten eines Künstlers und der Blick der zwei Augen

In seinem Buch „Das Leben der Bernadette“ zitiert der Theologieprofessor René Laurentin den sterbenden Kardinal Veuillot, der, von Krankheit gepeinigt, seine letzte Lebensenergie in einige Sätze legte, die vielen „überraschend“ erschienen. Diese fast testamentarischen Worte lesen sich wie eine Abwandlung der Botschaft der weißen Dame an Bernadette. Sie lauten: „Sagt den Priestern, sie sollen nicht vom Leiden reden. Sie dürfen nicht darüber sprechen! Sie wissen nicht, was das ist.“

Diese Worte waren dereinst, so darf man vermuten, gegen eine pervertierte Schmerzenmystik gerichtet. Doch es scheint, als sei ihr Sinn nicht recht beherzigt worden. Die lebensfeindliche Glorifizierung des Leidens, mit der sich Bernadette Soubirous im 19. Jahrhundert in ihrem Gehorsam abquälte, ist ja nicht überwunden. Die rigorose Glaubensnorm „Liebe das Leiden“ hält sich hartnäckig. Bis hinein in die heutige Zeit. Wobei eigentlich nicht recht klar ist, was das Leiden und seinen Sinn überhaupt ausmacht. Damit hatte, wie man weiß, schon Hiob die allergrößten Schwierigkeiten. Dennoch kursieren noch heute glorifizierende Hymnen auf das Leiden und den Schmerz. In Verbindung mit einem Glauben, der meint, vor Gott eine immerwährende Schuld abtragen zu müssen, gehen sie einher mit tiefer Verachtung für das Leben, einer Abscheu, gar einem Haß auf die menschliche Lebensfreude.

„Demütige dich: Weißt du nicht, daß du ein Eimer für Abfälle bist“, heißt es in dem Buch „Camino“ („Der Weg“). Diese Schrift wäre nicht weiter von Belang, würde sie nicht aus der Feder des Priesters Josemariá Escriva de Balaguer stammen, der 1928 das „Opus Dei“, das „Werk Gottes“ gründete. Er wurde 1992, nur siebzehn Jahre nach seinem Tod und damit in einem außergewöhnlich und einzigartig zügigen Verfahren, von Papst Johannes Paul II. seliggesprochen. Und das sogar gegen immensen innerkirchlichen Widerstand. Der vermochte jedoch nicht zu verhindern, daß das „Opus Dei“, ein eher im Verborgenen operierender katholischer Geheimbund, im streng konservativen Katholizismus heute weltweit wachsenden und allerhöchsten Einfluß nimmt. Und damit auch die Regel 208 aus dem geistigen Nachlaß des Gründers: „Gesegnet sei der Schmerz. Geliebt sei der Schmerz. Geheiligt sei der Schmerz. Verherrlicht sei der Schmerz.“

Diese Sätze sind nicht nur fatal angesichts des wirklichen Elends in der Welt, sie sind auch lebensdumm. Wer so etwas schreibt, der weiß wirklich nicht, was Leiden ist. Doch gottlob gibt es klügere Leute, Menschen, die mehr vom Leben verstehen, die viel tiefer in das Geheimnis des Menschseins eingedrungen sind, und daher auch besser heranführen und eine Ahnung vermitteln können, was es mit dem christlichen Mysterium des Leidens auf sich hat.

„Ein krankgeborenes Kind zum Beispiel, das vielleicht sein ganzes Leben in liegender Haltung verbringen muß; ein Mensch, der stumm ist oder keine Arme mehr hat oder gar nicht bewegungsfähig ist, die alle völlig anonym unter uns leben, das sind die Leidenden. Da ist das Leiden real. Das Leiden ist niemals real bei denen, die kämpfen können.“ (...) „Wirklich leidend ist auch unsere heutige Jugend. Sie ist leidend, obwohl sie das oftmals gar nicht erfährt – in einem sehr hohen Maß, weil ihr die Möglichkeit genommen ist, irgend etwas von sich in die Funktion zu bringen, also gestalterisch, schöpferisch zu werden. Und das ist für mich das Leiden. Das Leiden ist das Ausgeliefertsein an die Passivität."

Diese Sätze stammen von keinem Theologen, sondern von dem 1986 verstorbenen Künstler Joseph Beuys. Nun leuchtet auf den ersten Blick nicht sonderlich ein, wieso ein Mann wie Beuys, der durch seine befremdlichen und provokanten Aktionen den Ruf als Bürgerschreck weghatte und von dem viele bloß wissen, daß er Filz zu Rollen gewickelt und Fett auf Stühle geschmiert hat, wieso dieser Beuys etwas gemacht und gesagt haben könnte, was hilfreich ist, den Ort Lourdes und vielleicht sogar die christliche Existenz heute besser zu verstehen. Da muß man sich schrittweise annähern und schauen, was dran ist an seinen Sichtweisen, die er knapp zwei Jahre vor seinem Tod in einem Gespräch mit dem Jesuitenpater Friedhelm Mennekes über die Christusgestalt noch einmal eindringlich erläutert hat.

„Das Leiden ist das Ausgeliefertsein an die Passivität", sagt Beuys. Das trifft exakt die Erfahrung der Bernadette Soubirous. Sie durchschreitet, wie René Laurentin sehr einfühlsam bemerkt, das Dunkel der Nacht, die Nacht des Glaubens. „Mein Gott, wenn ich mich getäuscht hätte." Das sind ihre düstersten Worte. Es sind nicht so sehr Worte eines zweifelnden Unglaubens. Da stand ihr glaubenstreuer Gehorsam vor. Es sind Worte des Zweifels an ihrer Bestimmung, Zweifel am Anruf der inneren Stimme, die sie an der Grotte vernahm, und damit Zweifel an sich selbst. Das ist ihr Ausgeliefertsein an die Passivität. Sie kann nichts mehr tun. Sie kann nur noch erdulden. Das ist Bernadettes Prüfung. Eine Notiz ihres Beichtvaters verrät: „Die passiven Tugenden waren bei ihr zahlreich vorhanden ... Sie ist mehr bearbeitet worden als sie selbst arbeitete."

Bernadette, das „gemahlene Getreidekorn", hat sich in ihrem Erdulden und Erleiden in Jesus wiedererkannt. Sie sagt: „Unser Herr ist wie ein zersprungener Topf behandelt worden." Es ist die existentielle Leidenserfahrung der Passivität, die die Verbindung zwischen Bernadette und ihrem Herrn stiftet. Marie-Bernards Worte „Mein Gott, wenn ich mich getäuscht hätte" entsprechen der Erfahrung Jesu am Kreuz: „Gott, mein Gott, warum hast du mich verlassen!"

„Das ist das Leiden bei Christus", behauptet nun Joseph Beuys. Da muß man erst einmal stutzen. Da ist man anderes gewohnt. Die Leiden Jesu, das sind nach altem Glaubensverständnis die falschen Anschuldigungen des Hohen Rates, der Spott und die Folterungen, mit denen seine Gegner ihn quälten. Das war die Feigheit seiner Freunde, die ihn allein ließen. Das waren die Qualen seines Kreuzestodes. Die Leiden Jesu, das war sein Kreuzweg, so wie er in der katholischen Tradition bekannt ist und wie ihn die vierzehn Stationen am Kalvarienberg von Lourdes anschaulich mit großen Figurengruppen aus Bronze vor Augen führen. Dort am Kalvarienberg kann man sehen, wie Jesus gesenkten Hauptes von Pilatus das Todesurteil vernimmt, wie er dreimal unterm Kreuz stürzt und wie die mutige Veronika ihm das Schweißtuch reicht.

Aber dieser Kreuzweg zeigt ein äußeres Bild des Leidens, ähnlich wie die fünf Geheimnisse des schmerzhaften Rosenkranzes, die das Martyrium Jesu meditieren, als den, der Blut geschwitzt hat, der gegeißelt wurde, mit Dornen gekrönt, als denjenigen, der sein Kreuz getragen, an das er schließlich geschlagen wurde. Und nun kommt der Beuys und setzt an die Stelle der Bilder der äußeren Qualen ein Innenbild des Leidens: „Alles, was noch aktiv ist, kann Schmerzen haben, kann zum Schmerzensmann selber werden, aber wirklich Leiden ist es dennoch nicht." Erst in dem letzten Ausgeliefertsein Christi am Kreuz, im Moment seiner Gottverlassenheit, kann man von seinem wirklichen Leiden, von der wirklichen Passion sprechen, von „Passion im Sinne der Verzweiflung, der Abhängigkeit. Wo auf einmal das Freiheitsprinzip nicht mehr real zu sein scheint. Das, wofür er selbst steht. ‚Ich werde euch frei machen.' Daß durch die Christuskraft der Mensch befreit wird, das scheint einen Augenblick infrage zu stehen. Und das ist die eigentliche Passion. Das ist das Leiden bei Christus."

Nun gibt es heute viele Menschen, bei denen dieses passive Ausgeliefertsein sich nicht am Ende ihres Lebens, im Dunkel der Nacht, dramatisch zuspitzt. Eher schleichend und unbemerkt vollzieht es sich auch am Tag, im ganz gewöhnlichen Alltag. Bei all den Kranken, den Alten, den Abgeschobenen, bei all denjenigen, die nicht, wie man das so leichtfertigt sagt, zu den Leistungsträgern der Gesellschaft zählen. Sie stehen ja ständig in ihrem Wert, ihrer Würde und in sich selbst in Frage. So wie Marie-Bernard. Sie sah sich mit den ungnädigen Augen der anderen. Als unnütz abgeschrieben, sah ihren Wert allein in ihrer „Verwendung als Kranke". „Kranksein und beten", sagte sie von sich, „das ist alles, was ich kann."

Die vielen kranken und leidenden Menschen in Lourdes verstehen Bernadette. Auch wenn sie ihre Geschichte gar nicht so genau kennen oder gar nicht begreifen können. Das Ausgeliefertsein, das braucht ihnen niemand zu erklären. Der krebskranke Junge in seinem Rollstuhl, der unter seiner roten Basketballkappe ganz unbewegt vor sich hinschaut und während der Prozession der Kranken so geduldig wartet, bis der Bischof mit der Monstranz ihn segnet; der Spastiker an der Grotte, der immer nur schreit und schreit, der sich gar nicht beruhigen läßt, der gar nicht aufhören will zu schreien; die Frau, die seit vielen Jahren immer nur auf dem Bauch liegen muß, weil ihr Rücken offen ist, und der Taubstumme, der ganz starr auf einen fernen Punkt blickt, der für uns in einem Irgendwo liegt, das wir nicht sehen können, sie alle spüren die unsichtbare Präsenz der Bernadette Soubirous.

Auch der skeptische Gesellschaftskritiker Kurt Tucholsksy hat, bei aller Abneigung gegen die Religion im allgemeinen und gegen den damaligen Rummel um den Wunderglauben im besonderen, etwas von dieser unsichtbaren Anwesenheit in Lourdes vernommen. Er schildert eine Szene, wo er im Krankenasyl Notre Dame mit den Kranken auf die vorbeiziehende nächtliche Lichterprozession wartet.

„In den hohen hallenartigen Krankenzimmern ist helles Licht angezündet. Kerzen aller Art, kleine Tische sind aufgebaut mit beleuchtetem Kirchenschmuck. In den Betten liegen die Kranken und sehen mit glänzenden Augen auf den Zug, der da heransingt. Wir ziehen durch alle Gänge, durch die Korridore, in den Höfen sind wir, wir gehen durch alle Zimmer, durch alle, es soll keiner ausgelassen werden. Ave – Ave – Ave Maria ... Eine alte Frau schluchzt und kann gar nichts sehen vor Tränen. Ein Alter liegt mit gekreuzten Händen, ich weiß zufällig, wie sein Körper aussieht – er leidet Schmerzen. Wir steigen die Treppen hinauf zum ersten Stock, zum zweiten ... Die Mauern hallen wider vom Chorgesang. Wachsbleiche Frauengesichter sehen uns an, es ist soviel Zärtlichkeit in diesen Augen, kraftlose Hände liegen auf Decken, einmal weint ein ganzer Saal. Mir steigt etwas in der Kehle auf."

Tucholsky besaß die Gabe des Mitempfindens. Aber er teilte auch die nicht seltene Tragik intellektscharfer, aufgeklärter Menschen. Manchmal ist ihnen der Weg zum befreienden Wort verstellt. Zumeist dann, wenn sie eine Wirklichkeit berührt, die mit bloßen Verstandeskräften nicht zu erkennen ist. „Mir steigt etwas in der Kehle auf." Dieses „Etwas" bleibt im Nebel des Unbewußten. Es findet nicht heraus, gelangt nicht zur Klarheit. Es bleibt, bei allem tiefen Mitgefühl für die Leidenden, Tucholskys unverstandenes Etwas, sein unerkanntes „Aquerò". Genau wie die Touristen, die heute „irgendwie" beeindruckt sind, hatte er keine Sprache für die Substanz, die ihm möglicherweise in diesem Etwas in seiner Kehle begegnet ist.

Viele Jahrzehnte später hat Joseph Beuys die stumme Botschaft des Leidens deutlicher vernommen. „Der im Leiden verharrt", sagt er,

„auch der führt die Welt selbstverständlich weiter, er bereichert die Welt dennoch. Es wäre eine große Frage, wer die Welt mehr bereichert: die Aktiven, oder diejenigen, die leiden? Ich habe ja immer entschieden: die Leidenden. Der Aktive vermag Wesentliches für die Welt erreichen. Aber ein krankes Kind, das ein Leben lang im Bett liegt und gar nichts tun kann, das leidet und erfüllt durch sein Leiden die Welt mit christlicher Substanz. Denn durch das Leiden wird die Welt real mit christlicher Substanz erfüllt."

Das ist die Erfahrung von Lourdes. Wenn man genau sein will, des Lourdes in seinen lichten Momenten. Und die leuchten auf, wenn die christliche Substanz, die von den leidenden Kranken eingebracht und verströmt wird und die sich für Kurt Tucholsky zu Beginn dieses Jahrhunderts vielleicht nicht als Christussubstanz zu erkennen gab, von den Gesunden, von den Aktiven aufgenommen wird. Und wer die Realität dieser mächtigen Kraft empfängt, der gibt sie weiter. Es geht gar nicht anders. Denn für diese Christuskraft gilt per se, daß sie niemand für sich behalten kann. Würde er dies versuchen, schon würde die Substanz sich verflüchtigen. Aus diesem gegenseitigen Verströmen der christlichen Substanz entsteht ein Kraftfeld. Beuys würde in seinem erweiterten Kunstbegriff wohl von einer sozialen Plastik sprechen. Einer menschlichen Plastik, einer unsichtbaren Wärmeskulptur. Die hervorzubringen, darum ging es ihm in seiner Kunst. In einem solchen Wärmefeld der Christuskraft ist alles möglich. Sogar Wunder, ganz alltägliche und manchmal auch außergewöhnliche.

„Das Leiden", sagt Beuys in einem sehr ansprechenden Bild, „ist ein bestimmter Ton in der Welt. Er ist hörbar. Man sieht ihn wohl auch. Wer sich einmal anstrengt, solches wahrzunehmen, der sieht im Leiden ständig eine Quelle der Erneuerung. Es ist eine Quelle von kostbarer Substanz, die das Leiden in die Welt entläßt. Da sieht man: es ist eine wohl unsichtbar-sichtbare sakramentale Substanz."

Daß dem Leiden selbst sakramentaler Charakter innewohnt, klingt möglicherweise etwas befremdend. Ist dem Gläubigen doch zunächst einmal vertraut, daß es nur sieben Sakramente gibt, die sich im Laufe der Geschichte der Kirche herauskristallisiert haben: die Taufe, die Firmung und die Eucharistie, die Ehe sowie die Sakramente der Buße und der Krankensalbung und die Weihe des Priesters. Da ist vom Sakrament des Leidens nicht die Rede. Aber das schließt sich auch in der Glaubenstradition nicht aus, der ja Christus als Stifter der Sakramente gilt. Denn wenn sich die Substanz des Auferstandenen in die Welt eingesenkt hat, dann eignet der Welt als Ganzes auch sakramentaler Charakter.

Alles ist Sakrament, nachdem sich Christus selbst, ein für alle Mal, in der Materie und im Menschen inkarniert hat. Genauer gesagt: Dann kann, wo diese Substanz gesehen wird, alles zum Sakrament werden. Ein majestätisches Gebirge, ein Wasserbecher, eine Lebensgeschichte, selbst ein Zigarettenstummel kann Sakrament sein. Man lese dazu einmal das theologische Kleinod, die „Kleine Sakramentenlehre" von Leonardo Boff. „Sakramentales Denken", sagt der brasilianische Theologe, „versteht die Wirklichkeit nicht als Sache, sondern als Symbol. Das Symbol entsteht dabei aus der Begegnung des Menschen mit der Welt. In dieser Begegnung erfahren sowohl der Mensch als auch die Welt einen Wandel."

Dieser Wandel ist es, der Leonardo Boff erlaubt, vom Sakrament des Zigarettenstummels zu sprechen. Er meint natürlich nicht die Kippe, die man achtlos auf die Straße wirft oder im Aschenbecher ausdrückt. Er meint die Erinnerung an seinen geliebten Vater. Den abgebrannten Zigarettenstummel, erzählt der brasilianische Theologe, fand er zwischen einem Brief, den seine Mutter ihm schickte. Weit weg von seiner Heimat und Familie teilt sie ihm vom plötzlichen Tod des Vaters mit. Der vergilbte Stummel einer Strohzigarette war sein letztes Lebenszeichen. „Von diesem Augenblick an war der Zigarettenstummel kein einfacher Zigarettenstummel mehr. Denn er wurde zu einem Sakrament, lebt, spricht vom Leben und begleitet mein Leben." Der „innere Blick des Menschen", so Boff, „verwandelt die Dinge in Sakramente".

Leonardo Boff und Joseph Beuys sind sich in ihrem Blick, der die grundlegende Sakramentalität der Welt sieht, sehr ähnlich. Diese „sichtbar-unsichtbar christliche Substanz", mit der nach Beuys die Leidenden die Welt erfüllen, drängt geradezu, gesehen, gehört und gespürt zu werden. Und dafür sind doch noch viele Menschen empfänglich, auch wenn sie die Lehren der Kirche und des Papstes schon lange nicht mehr hören. Nur: „Dieses Bild von Christus kann ja heute nicht mehr mit äußeren Augen wahrgenommen werden, sondern es muß mit einem inneren Augen wahrgenommen werden. Und in diesem inneren Auge zeigt sich, was aus der Auferstehung Christi geworden ist. Der ist ja nicht irgendwo verdampft oder hat sich irgendwie verflüchtigt. Die Frage ist doch: Wo ist er jetzt? Wer mit dem inneren Auge zu sehen sucht, der sieht, daß er längst wieder da ist. Nicht mehr nur in einer physischen Form, aber in der bewegten Form einer für das äußere Auge unsichtbaren Substanz. Das heißt, er durchweht jeden Raum und jedes Zeitelement substantiell. Also ist er ganz nah da."

Jeden Nachmittag gegen 16.00 Uhr findet vor der Basilika von Lourdes die Segnung der Kranken statt. Die Kranken empfangen das Sakrament der Krankensegnung. Sie haben damit Teil an der Heilsmacht Gottes. Doch nun kehrt sich der Blick um. Diese leidenden Menschen selber sind die Träger der sakramentalen Substanz. Das heißt, sie erhalten ihre Würde nicht als Empfänger. Sie haben ihre Würde als Spender. Viele der Gesunden spüren das. Meist ohne beredte Worte, eher intuitiv. So benennt ein deutsches Ehepaar die Erfahrung sehr vieler Pilger in Lourdes: „Wir sind so gern hier, weil die Kranken uns dazu bewegen, hier viel weniger an uns selbst zu denken als anderswo."

Das Gespür, das Gefühl für die Präsenz der Christuskraft im Leidenden ist da. In Lourdes vielleicht mehr als in allen anderen Orten der Welt. Wer mit dem äußeren Auge sieht, vermag sicherlich Gutes zu tun. Er wird sich gewiß moralisch korrekt verhalten. Er wird den Handkarren mit den Bettlägrigen schieben, die Kranken bei ihren Mahlzeiten füttern, er wird sie waschen und vielleicht auch ein tröstendes, aufmunterndes Wort finden. Er wird in Lourdes dazugehören. Doch innerlich ist er weg, weit weg.

Manches ist in Lourdes Routine geworden. Gewohnheit. Es gibt die dienende Demut, die zumeist mit großer Milde und Freude einhergeht, und es gibt den Hochmut, der die Kranken zur Bestätigung der eigenen Barmherzigkeit benutzt. Und es gibt auch den Hochmut der klerikalen Art. Man sieht ja den Kaplan, der erhobenen Hauptes, mit dem Rosenkranz zwischen gefalten Händen, die Menge durchschreitet. Man spürt sie, diese Art von Substanz, die der autoritären Macht des kirchlichen Amtes. Und man spürt auch die unterkühlte Caritas manch edler Dame im Kapuzenmantel. Ebenso wie die kleine Macht despotischer Grottenwärter und die große Macht gewichtiger Würden- und Uniformträger aus einflußreichen Laienorden. Natürlich ist Lourdes auch ein Ort kirchlicher Macht. Und natürlich kann man Lourdes mißbrauchen.

Das gilt jedoch, und da ist der Heilige Bezirk ziemlich umbarmherzig, auch für denjenigen, der nur beobachtet. Derjenige, der nur mit dem äußeren Auge zuschaut, der urteilt und verurteilt. Der Hang zu urteilen und zu verurteilen steckt wahrscheinlich wohl im Menschen drin. Aber Lourdes macht auch klar, wie wenig man zum Richten der anderen ein Recht hat. Denn das unbeteiligte Beobachten, das bloße „mal Gucken, was dran ist an Lourdes, was die da so machen" belohnt der Ort nicht. Wer nur gucken will, durchschreitet zwar die Tore des Zaunes um die Grotte von Massabielle, doch in Wirklichkeit bleibt er draußen. Auch er ist weit weg. Doch nicht von Lourdes. Von sich selbst.

10. Kapitel

Die Hüter des Glaubens, die Präsenz der Christuskraft und der Junge mit der roten Kappe

In seiner Studie „Das Heilige und das Profane" schreibt der weltberühmte rumänische Religionswissenschaftler Mircea Eliade über den religiösen Menschen: „In welchem geschichtlichen Zusammenhang er auch steht, der *homo religiosus* glaubt immer an die Existenz einer absoluten Realität, an die Existenz des *Heiligen,* das diese unsere Welt transzendiert, sich aber in dieser Welt offenbart und sie dadurch heiligt und real macht." Demnach kann sich dem Menschen das Heilige jederzeit und überall offenbaren. Die Geschichte der christlichen Religion bestätigt das, zeigt aber auch, es gibt bei der Heiligung der Welt gewisse Präferenzen. Es sind zumeist ganz bestimmte Stätten, bestimmte Zeiten und auch bestimmte Menschen, wann, wo, wie und wem sich das Transzendente zeigt. Die Pyrenäen im Frankreich des 19. Jahrhunderts markieren eine solche Zeit und einen solchen Ort. Dem Glauben nach erschien in Lourdes die absolute Realität Gottes in der Gestalt der Unbefleckten Empfängnis. Der Ort ihres Erscheinens, der Bezirk von Massabielle, wird durch einen Zaun eingrenzt.

Neben diesem heiligen Ort existiert das weltliche Lourdes. Nun hat dieses Nebeneinander von Heiligem und Profanem in der Geschichte des Christentums schon immer existiert, im zeitlichen und auch im räumlichen Sinn. Früheren Generationen war dieser Gegensatz gewiß noch stärker im Bewußtsein, als das heute der Fall ist. Die Zeit der Arbeit war geschieden von der Zeit der Feste, die Werktage standen neben dem Sonntag, der Präsidentenpalast neben der Kathedrale und die Kirche neben der Kneipe.

In der modernen Welt herrscht jedoch eine andere, eine neue Situation. Da steht nicht, wie noch zu früheren Zeiten, das Sakrale einfach nur abgrenzt neben dem Weltlichen. In Lourdes handelt es sich nicht um ein zeitgleiches Nebeneinander zweier Symbolwelten, mit der Madonna der Grotte auf der einen und der „Dame blanche" in den Eisbechern der Straßencafés auf der anderen Seite. Vielmehr hat sich außerhalb des Grottenbezirkes das Heilige in das Profane hinein aufgelöst und verflüchtigt. Es ist verschwunden. Das ist ein Charakteristikum der Moderne. Mit dem Bild der Dame im Eisbecher, mit dieser entsakralisierten Reklame-Ikone, hat sich in der Welt außerhalb des heiligen Bezirks der Prozeß einer Entsakralisierung vollzogen. Dieser Prozeß wurde innerhalb des umzäunten heiligen Bereichs seit dem Jahr 1858 stillgelegt. Hier hat der „homo religiosus" die Zeit angehalten.

Hier lebt die Tradition der christlichen Bilder, Symbole und Riten weiterhin ungebrochen: das Sakrament der Buße und der Krankensalbung, der Kreuzweg, die Prozessionen, das Kerzenopfer und der Rosenkranz. Die Gläubigen richten ihre Gebete an die Gekrönte Madonna im Zentrum des Platzes vor der Basilika. Sie hoffen mit ihren Fürbitten auf den Beistand der Unbefleckten Empfängnis in der Grotte und stehen geduldig Schlange an den Hähnen für das begehrte Lourdeswasser, das unablässig aus der Quelle von Massabielle sprudelt.

Außerhalb des Zaunes von Lourdes, wo die Uhr weitergelaufen ist, wurde der „homo religiosus" indes durch den „profanen Menschen" abgelöst. Er ist nach Eliade „das Resultat einer Entsakralisierung der menschlichen Existenz." Er nimmt „eine neue existentielle Situation auf sich: er betrachtet sich nur als Subjekt und

Agens der Geschichte, und er verweigert sich dem Transzendenten. Anders ausgedrückt: er akzeptiert keine Art von Menschlichkeit außerhalb der menschlichen Seinsform, wie sie sich in den verschiedenen geschichtlichen Situationen erkennen läßt. Der Mensch *macht sich* selbst, und er kann sich nur in dem Maß wirklich selbst machen, in dem er sich selbst und die Welt entsakralisiert. Das Sakrale steht zwischen ihm und seiner Freiheit. Er kann nicht er selbst werden, ehe er nicht von Grund auf entmystifiziert ist. Er kann nicht wirklich frei sein, ehe er den letzten Gott getötet hat."

Für diese Art von Freiheit kann der Gläubige freilich nur sehr schwer überhaupt ein Gespür entwickeln. Er ahnt möglicherweise den Freiheitsgewinn, sieht aber viel stärker den Verlust: die Entkoppelung vom Transzendenten. Nicht nur für den Katholizismus, für nahezu alle Religionen stellt diese Freiheit eine schwere Bedrohung dar. Für manche gar den Schrecken schlechthin. Der bloße Gedanke an diese Freiheit löst Furcht aus. Große Furcht. Und diese Furcht hat Konsequenzen. Auch in Lourdes.

Innerhalb des Zaunes ist das katholisch-kirchliche Erbe lebendig, das in der Welt außerhalb des Zaunes einen schleichenden Tod stirbt. Am Ende unseres Jahrhunderts wird Gott ja nicht, anders noch als bei Bernadettes Zeitgenossen Friedrich Nietzsche, in einem bewußten, aber auch tragischen und schmerzhaften heroischen Akt getötet. Auf dem Höhepunkt des Materialismus haben die Menschen den Gottesglauben eher klammheimlich und schmerzlos verabschiedet. Wer sich jedoch der religiösen Symbolwelt restlos entledigt, so schreibt der Brasilianer Leonardo Boff, „schiebt nicht nur einen bedeutenden Reichtum innerhalb der Religion beiseite, sondern schließt zugleich auch Fenster seiner eigenen Seele, denn das Symbolische und Sakramentale bilden tiefgreifende Dimensionen der menschlichen Wirklichkeit."

Dagegen kämpfen die Kirchen. Dagegen wehrt sich die Tradition. Mit aller Vehemenz stemmt sich die Kirche gegen den intellektscharfen, aber gemütskalten Materialismus. Natürlich spüren die Leute den Wärmeverlust, den diese entheiligte Technokratenwelt beschert. Und sie sehen natürlich auch, daß mit der Entheiligung der Welt die drängenden Fragen der menschlichen Existenz keinen Deut gelöst sind. Eher im Gegenteil. Denn eine menschliche Freiheit, die keine Gemeinschaft hervorbringt, sondern bloß eine Ansammlung egozentrierter Individuen, kann wohl die rechte Freiheit nicht sein. Und dann erfahren die Pilger in Lourdes den Unterschied. Sie erleben die Opferbereitschaft, die Selbstlosigkeit, die Hingabe, den Gemeinschaftssinn. Die Frage ist nur: Wie ist das heute zusammenzubringen, der entsakralisierte Mensch auf der einen und das christliche Erbe auf der anderen Seite? Das ist die Frage der Zukunft: die Verknüpfung der zwei Realitäten, die Idee des Christlichen und die Idee der Freiheit.

Manches erweckt den Eindruck, daß die Kirchen mit dieser Frage nicht recht vorankommen, bisweilen sogar eher einen Schritt zurück- statt vorwärtsgehen, daß sie sich verschanzen auf den letzten Inseln im Meer des Materialismus. Da stellt sich nicht mehr die Frage an die kreative Phantasie, wie denn dieser Materialismus zu überwinden wäre. Da regiert die Furcht, wie man sich vor ihm schützen kann. Doch mit jedem Schritt zurück wird der Zaun um den heiligen Bezirk von Massabielle ein kleines Stückchen höher. Und die Menschen, die heute eigentlich Seelsorger der Freiheit suchen, finden dann oftmals nur Wächter des Glaubens. Sie erhalten auf ihre Fragen nur die alten Antworten besorgter Hüter der Tradition. Nichts anderes macht der Pfarrer an der vierzehnten Kreuzwegstation am Lourder Kalvarienberg, wenn er mit seiner Pilgerschar denen, „die da draußen lachen", ein trotziges Halleluja entgegensingt. Dieser streitende Gottesmann, deshalb wird er mit einer gewissen Hartnäckigkeit immer wieder einmal erwähnt, ist nicht untypisch für Lourdes. Vielen dünkt Lourdes ein Ort der Rechtgläubigen, eine Bastion des kirchentreuen, konservativen Katholizismus inmitten einer religionsfeindlichen Welt.

In den religiösen Buchhandlungen in Lourdes kann man ein Buch erwerben, das verspricht, „Die wahre Geschichte der heiligen Bernadette nach den ersten authentischen Augenzeugenberichten“ zu erzählen. Darin schreibt der Herausgeber in einem Vorwort: „Maria, die allerreinste Jungfrau und Mutter, ist die einzige, die in unserer verkommenen Welt noch sagen kann, was Jungfräulichkeit ist, was ein Mensch ist mit einem reinen Herzen; die einzige, die in unserer abtreibungswütigen Welt noch sagen kann, was wahre Mutterschaft und wahre Mutterliebe ist; die einzige, die in unserer gottlosen Welt noch sagen kann, daß und wie sehr Gott die Liebe ist; die einzige, die ihre Gottebenbildlichkeit unversehrt erhalten hat durch ihre unbefleckte Empfängnis.“

An solchen Gedanken, sollten sie einmal in Lourdes die Oberhand gewinnen, wird der Wallfahrtsort zugrundegehen. Nicht heute und vielleicht auch nicht in absehbarer Zeit, aber letzten Endes irgendwann doch. Dann ist der Zaun so hoch, daß niemand mehr hinübergelangt. Vor allem, nicht hinübergelangen will. Die Leute merken ja, daß solche Botschaften nicht in die Zukunft führen, sondern sich in einer finsteren Vergangenheit verlieren. Das ist der Weg des Fundamentalismus. In ihm sammeln sich selbstgerecht die letzten der Herde. Diejenigen jedoch, die darum ringen, wie denn der Glaube und die menschliche Freiheit endlich einmal in Einklang zu bringen sind, die machen das nicht mehr mit. Da gehen sie lieber, anstatt über den ungläubigen Rest der Menschheit zu klagen und dabei in fanatischer und dogmatischer Erstarrung zu ersticken.

Doch steckt in allem und damit auch im religiösen Fanatismus und Fundamentalismus ein Fünkchen Wahrheit. „Fanatismus“, sagt der Philosoph Christoph Türcke, „ist der Aufschrei eines zutiefst verwundeten Glaubens.“ Nur nimmt der Glaube diese Wunde nicht wahr. *Dieser* Schmerz wird nämlich keineswegs gepriesen und verherrlicht. Diesen Schmerz scheut der fanatisierte Fundamentalismus. Statt dessen versucht er, so Türcke, „den entwurzelten, verunsicherten Individuen erneut seelischen Halt zu geben, durch Kittung eben der Fundamente, die am zerbröckeln sind. Fundamentalismus beruft sich auf etwas, was erschüttert ist. Gerade deshalb besteht er mit solcher Heftigkeit darauf. Er will von Einwänden gegen seine Überzeugungen nichts wissen, weil er sie selbst nur allzu schmerzlich verspürt.“

Dieser Schmerz eines verwundeten Glaubens ist freilich eine folgenschwere Sache. Vor allem, wenn er kein Tor findet, aus dem er sich befreien, aus dem er heraus kann. Manchmal kann man diese Sackgasse in Lourdes spüren. Immer dann, wenn mit der Größe der Gottesmutter die Größe des Menschen nicht mitwächst, wenn mit dem Vertrauen auf Maria das Vertrauen in die eigene Kraft schwindet. Das ist die dunkle Seite der Hoffnung. Nicht die helle, die vertrauende, die annimmt, was das Leben bereithält, sondern diejenige, die bloß erwartet, die fleht und wünscht, es möge etwas geschehen. Die Madonna soll machen. Oder anders gesagt, „Maria ist die einzige, die heute noch sagen kann, was ...“

Dieser Glaube ist unannehmbar für den entsäkularisierten Menschen, dem "Agens der Geschichte", das sich nach Mircea Eliade "selber macht". Da macht keine unbefleckte Maria mehr. Und da hilft es wenig, wenn man dem Menschen, der im Zeitalter des Materialismus drinsteckt, predigt: "Die Gottesmutter wirkt doch! Du mußt nur glauben. Du mußt dich bekehren und wieder zurückkehren zur alten Tradition." Das funktioniert nicht mehr am Ende dieses Jahrtausends.

Einen solchen Glauben, der mit der Erhöhung der himmlischen Existenz die irdische erniedrigt und entwertet, hat Bernadette Soubirous als Schwester Marie-Bernard kennengelernt. Diesem Glauben war die Idee des Menschen als

Freiheitswesen fremd. Marie-Bernard geriet in eine Welt, in der Gehorsam nicht bedeutete, ihre Anlagen, ihre Talente und Fähigkeiten, ihr ganzes reiches humanes Potential zu entfalten und zur Blüte zu bringen, sondern abzutöten, zu verleugnen. Diese Welt verwechselte die Tugend der Demut mit dem Erdulden von Demütigungen. In Nevers hieß geistliche Erziehung nicht Schulung, sondern Brechung des Willens. Dabei rang Marie-Bernard unermüdlich um Gott. Doch sie schaute sich selbst nicht mehr mit dem wohlwollenden, milden Blick der schönen weißen Dame an, sondern mit dem Blick der Schuld. Und damit eines Gottes, vor dem in dieser Welt keine Gnade zu finden ist. Marie-Bernard bereute, beichtete und büßte und fand doch keinen inneren Frieden. Zumindest nicht in dieser Welt.

Die Glorifizierung des Lebens im Jenseits und seine Entwertung des Diesseits ist mit der wohl bekanntesten Verheißung der weißen Dame oft auf verhängnisvolle Weise verknüpft worden. Bei ihrer dritten Erscheinung sagte sie zu Bernadette: "Ich verspreche Ihnen nicht, Sie in dieser Welt, wohl aber, Sie in der anderen glücklich zu machen." Der zweite Teil dieser Worte gilt gemeinhin als ein Versprechen der Gottesmutter für Bernadettes Glück im Himmel. Das kann und konnte man so verstehen. Nur wird der erste Teil des Versprechens meist mißverstanden. Vorschnell und unbedacht gilt er als Vorausbestätigung eines leidvollen Lebens. Als habe Maria der Bernadette dieses leidvolle Leben von vornherein prophezeit. Aber die Dame hat Bernadette kein unglückliches Leben in dieser Welt vorausgesagt. Sie sagt nicht, Bernadette werde in ihrem irdischen Leben nicht glücklich. Die Dame sagt etwas anderes. Sie sagt eigentlich nur, daß sie in dieser Welt ein Glück *nicht verspricht*. Was zeigt, daß die weiße Dame der Bernadette eine kluge Frau war. Sie gibt keine himmlische Garantieerklärung ab für irdisches Glücklichsein.

Für ein geglücktes, mit der christlichen Substanz erfülltes Leben, das letztlich ohne Schmerz gar nicht zu leben ist, muß sich, wie Beuys sagt, der Mensch schon selber aufraffen. Dazu ist die Entkoppelung von der spirituellen und sakramentellen Substanz, die der Materialismus mit sich gebracht hat, zu überwinden. Aber eben nicht durch einen Schritt zurück zu den vormaterialistischen Glaubenskräften. Denn für den Menschen, der das Zeitalter des Materialismus durchlaufen hat, ist der Glaube kein Erkenntnisorgan mehr. Das ist heute ein Faktum. Nur heißt der Abschied vom Glauben als Mittel der Erkenntnis eben nicht, das damit auch die Kraft verschwunden wäre, die zu erkennen sich lohnt.

Gerade an die Realität dieser Kraft – da hat Beuys sehr großes Vertrauen und Zuversicht – kann der heutige Mensch anknüpfen, mit Möglichkeiten wie nie in der Geschichte zuvor. Weil er durch den Materialismus hindurchgegangen ist, weil er sich frei gemacht hat, weil der alte Gott tot ist. Denn seit dem Ereignis von Golgatha, seit der gekreuzigte Jesus sich im auferstandenen Christus ein für allemal in der Welt inkarniert hat, ist, so Beuys, „der Kredit gegeben, jetzt muß die Rückzahlung des Wechsels durch den Menschen kommen."

Das ist entscheidend. „Der Mensch in dieser Zeit ist selbstverständlich nicht von Gott verlassen." Nur, „nach der Zuspitzung des menschlichen Intellektes muß wieder eine Anknüpfung an das Spirituelle gefunden werden, aber jetzt nicht mehr aus tradierter Kraft, d.h. geschenkter, sondern aus eigener Kraft, d.h. aus der Kraft des Selbst, des Ich."

Das war der heiligen Bernadette nicht möglich. Aus Ursachen, die natürlich auch in der damaligen Zeit gründen. Sie selbst lebte inmitten einer kleinen, vormaterialistischen Welt. Sie besaß keinen zugespitzten Intellekt, so wie der vernünftige, aber seelenblinde Staatsanwalt Dutour. Und sie brauchte sich auch nicht ans Spirituelle anzukoppeln. Verwurzelt im volksfrommen Marienglauben ihrer Heimat war sie immer schon damit verbunden. Freilich aus „tradierter Kraft", nicht aus der „Kraft des Selbst, des Ich".

Vielleicht konnte sich deshalb diese Kraft in ihr auch nicht bleibend inkarnieren. Zumal ihre Lebenswelt ihrem inneren Gehorsam auch nicht förderlich war. Und doch war dieser Moment der Inkarnation da. Jener Moment, in dem sich das Heilige ins Profane eingräbt, in dem das Heilige die Materie durchdringt. Das ist in Lourdes ja auch geschehen. An jenem Donnerstag, den 25. Februar 1858, als die weiße Dame der Bernadette den Weg zu einer bis dato unbekannten Quelle wies, die bis heute als ein Ort der Kraft eine mitunter fast magische Anziehung ausübt. Das war damals kein rein spiritueller Akt, als die Dame sagte: „Gehe zur Quelle, trinke und wasche Dich dort. Bitte Gott für die Sünder. Iß das Gras, das Du dort finden wirst." Dieser Akt, dort an der Grotte im Dreck nach einer Quelle zu graben, war durch und durch materiell.

Wer zur Lichtgestalt will, der muß hindurch durch die Materie. Bernadettes Weg zu ihrem Quellwasser ist kein rein geistiger Vorgang. Sie muß die Erde aufgraben, muß im Schlamm wühlen und dann auch noch die trübe Brühe trinken und Gras essen. Das sind Realitäten von großem Symbolgehalt, Bilder von einer Inkarnation, die nur über das Materielle in die geistliche Dimension hineinführt. Das ist nicht unerheblich, daß die Botschaft der Dame „Bitte Gott für die Sünder" sich an diese Erdverbundenheit koppelt. Durch die Materie hindurch führt der Weg zur Klarheit. Nach der braunen Brühe kommt das klare Wasser. Wer zur Quelle will, der muß sich auch die Finger dreckig machen. Das ist mit Widerwillen und Widerstand verbunden. So will Bernadette das verschmutzte braune Wasser zuerst auch gar nicht trinken. Sie ekelt sich. Das wird ihr übrigens später im Kloster als Mangel an Abtötung ihres Eigenwillens, als Mangel an Gehorsam gegenüber der Unbefleckten ausgelegt.

An der Quelle hat sich das Göttliche im Menschlichen inkarniert. Wie eine zweite Taufe. Bei der „Reinigung und Wiederbelebung durch das Wasser" handelt es sich, so Ursual Bernauer, „um ein archetypisches und universelles Symbol, das mit der Taufe verbunden ist". Durch das Eintauchen ins Wasser stirbt der ‚alte Mensch' ", schreibt der Religionswissenschaftler Mircea Eliade, „und aus ihm wird ein neues, regeneriertes Wesen geboren." Bei Bernadettes „zweiter Geburt" scheint die Trennung von Heiligem und Profanem aufgehoben. Der Ort dieser Aufhebung ist der Mensch selbst. Diese Aufhebung hat sich in Bernadette vollzogen. Für einen Moment. Dieser Moment war so machtvoll, daß er sich sogar in die Bilder eindrückte, welche die Fotografen dereinst von dem Mädchen machten.

Für den Gestus, der aus diesen Fotografien spricht, findet die Autorin Bernauer das treffende Wort von der „inneren und äußeren Aufgerichtetheit". Bernadette, so sieht die Tiefenpsychologin, „kniet vollendet aufgerichtet. Hätte ihr die Außenwelt erlaubt, in dieser inneren Haltung zu bleiben und sie als ihre eigene zu erkennen, so hätte sie vermutlich gesunden und heil werden können, von innen her aufgerichtet."

Der Weg der inneren Aufrichtung ist der Weg des Joseph Beuys. „Das einzige, was sich lohnt aufzurichten, ist die menschliche Seele." Das ist sein Impuls für die Zukunft. Das ist, wenn man das so sagen darf, sein Vermächtnis, seit er im Jahr 1986 verstarb. Das ist sein geistiges Erbe, durch das das Christentum der Gegenwart sich wird durcharbeiten müssen, will es ein Christentum der Zukunft werden.

„Denn diesmal geht es nicht mehr so, daß ein Gott dem Menschen hilft, wie das durch dieses Mysterium von Golgatha war, sondern diesmal muß die Auferstehung durch den Menschen selbst vollzogen werden. (...) Also von diesem Standpunkt ist es ja wieder ganz interessant, sich den Spruch ‚Gott ist tot' vorzuhalten. Er ist tot, insofern als er nie mehr von selbst kommt und den Menschen da irgendwie unter die Arme greift. Das tut der nicht. Sondern das ist ja längst im Menschen drin. Der Mensch muß sich gewissermaßen selber mit seinem Gott aufraffen. Er muß Bewegungen vollziehen, Anstrengungen machen, um sich in Kontakt zu bringen mit sich selbst. Und das ist ja der wahre Sinn des Wortes ‚Kreativität', Inkarnation des Christuswesens in die physischen Verhältnisse der Erde. (...) Dadurch hat sich ein kosmisches Ereignis vollzogen, kein bloß historisches. Da hat sich ein Kraftfluß von absoluter Realität vollzogen. Und nun geschieht mit dem Menschen eine Metamorphose, mit der er sehr große Mühe hat. Ganz große Mühe. Sehr schwer fällt es dem Menschen, aus eigener Kraft die Selbstbestimmung auch wirklich in Anwendung zu bringen. Das fällt ihm ungeheuer schwer. Er möchte viel lieber noch mal was geschenkt bekommen. Er kriegt aber nichts mehr. Er kriegt nichts, gar nichts, von keinem Gott, von keinem Christus. Und dennoch bietet sich diese Kraft an und will mit Gewalt hinein. Aber unter der Voraussetzung, daß der Mensch sich aufrafft."

Das Angebot dieser Kraft ist die Chance derer, die Lourdes heute nicht mehr verstehen. Die Chance derer, die das Tor durchschritten haben, das durch den Materialismus hindurchführt. Dieses Tor hat sich hinter ihnen geschlossen. Es verwehrt den Weg zurück, zurück zum bloßen Glauben an die Lehren der Kirche. Die alten, autoritären Glaubensmächte verstehen das nicht. Sie blockieren die Entfaltung der christlichen Substanz über das menschliche Selbst. Sie vertrauen dieser Kraft des Selbst nicht. Sie mißtrauen der menschlichen Freiheit. Sie wollen lieber die reuige Rückkehr zur Tradition. Sie setzen weiterhin auf den gehorsamen Glauben, auf die Autorität des kirchlichen Amtes, die Lehren des Dogmas und auf ihr Bild von der Gottesmutter. „Maria, die allerreinste Jungfrau und Mutter, ist die einzige, die in unserer verkommenen, gottlosen Welt noch sagen kann, daß und wie ..."

Der Verfasser dieser Worte irrt. Maria ist nicht die einzige, die heute noch etwas sagen kann.

Da ist noch der gelähmte Junge aus dem italienischen Torre d'Annunziata, der mit dem T-Shirt von seinem Lieblingsfußballklub. Und das ungelenke Mädchen, bei dem daheim die Leute zur Seite schauen. Und die junge Frau mit dem stets offenen Mund und den weiten Augen, die Stunde für Stunde, Tag für Tag unablässig ihren Kopf schüttelt.

In manchen Momenten, wenn sich das innere Auge vor den Blick des äußeren schiebt, dann ahnt der Pilger, was der Joseph Beuys meinte, als er sagte: „Es ist eine Quelle kostbarer Substanz, die das Leiden in die Welt entläßt", „eine unsichtbar-sichtbare sakramentale Substanz". In manchen hellen Momenten in Lourdes spürt der Pilger diese Substanz. Dann steht die Welt für einen Augenblick Kopf. Dann scheint sie auf, die Wirklichkeit der christlichen Idee.

Da kauert der Junge im Rollstuhl. Geduldig wartet er in einer Reihe mit vielen hundert Kranken. Sie alle erwarten die segnende Hand des Priesters. Er wird zu den Kranken kommen, mit der Monstranz und der geweihten Hostie, der realen Gegenwart Christi. Ganz still lächelt der Junge im Rollstuhl in sich hinein. Auf dem Kopf trägt er eine rote Schildkappe von einer amerikanischen Basketball-Mannschaft. „Dream-Team" steht darauf. Die Kappe verhüllt, daß er kein einziges Haar auf dem Kopf hat. Seine Mutter, die hinter seinem Rollstuhl steht, flüsterte eben noch ein wenig verschämt „Leukämie". Und dann kommt der Geistliche. Er spendet dem Jungen den Segen. Doch für einen Augenblick will es scheinen, es ist nicht der Priester, der segnet. Der Junge vergibt den Segen. Nicht nur für den Pfarrer, der wegen der vielen Kranken schon längst eine Reihe weiter ist. Der Junge mit der roten Kappe spendet den Segen, für den Priester, für die Mutter, für die Welt. Er segnet uns. Er gibt alles, was er hat. Mehr, als wir ihm jemals zurückgeben werden.

Die letzte Erscheinung

„Bernadette will mit ihrem Herzen etwas stammeln. Die Dame aber führt bedächtig den Finger an den Mund. Das mag bedeuten: Schweigen Sie. Was hätten Sie mir zu verraten, was ich nicht schon wüßte? Und auch ich habe Ihnen nichts mehr zu verkünden. Bernadette aber kann die schreckliche Frage nicht bändigen, die ihr trotz allem stumm aus dem Herzen bricht:

Ist es das letzte Mal, o Madame, es ist wirklich das letzte Mal?

Die Dame, die diese Frage genau versteht, gibt keine Antwort darauf, auch eine stumme nicht. Ihr Lächeln wird nur noch leichter, froher, aufmunternder, kameradschaftlicher. Und in Wirklichkeit bedeutet dieses Lächeln: Das letzte Mal ist etwas, was unsereins nicht versteht."

Franz Werfel